妈妈教育男孩不可不读的教育智慧书

好妈妈不吼不叫教育男孩100招

鲁鹏程 ◎ 著

本书从如何走近孩子的内心、怎样培养男孩的独立性、责任感、情商、财商、沟通能力、如何帮助孩子平稳度过青春期等11个方面，结合生动而真实的案例，全而总结了"妈妈不吼不叫教育男孩"的100个妙招。这100个妙招是行之有效的，是妈妈应该在对男孩的家庭教育中落实的。妈妈一旦把这些方法付诸行动，就能轻松地让男孩健康、快乐地成长，从而成为一个睿智、有德、进取、负责、有强大竞争力的人。

图书在版编目（CIP）数据

好妈妈不吼不叫教育男孩100招/鲁鹏程著. —北京：机械工业出版社，2011.7（2022.1 重印）
ISBN 978-7-111-35272-3

Ⅰ.①好… Ⅱ.①鲁… Ⅲ.①男性—家庭教育 Ⅳ.①G78

中国版本图书馆 CIP 数据核字（2011）第 131594 号

机械工业出版社（北京市百万庄大街22号　邮政编码 100037）
责任编辑：刘文蕾　　　版式设计：艺和天下
封面设计：吕凤英　　　责任印制：乔　宇
三河市国英印务有限公司印刷
2022 年 1 月第 1 版第 49 次印刷
169mm×239mm・14.25 印张・207 千字
标准书号：ISBN 978-7-111-35272-3
定价：49.80元

凡购本书，如有缺页、倒页、脱页，由本社发行部调换

电话服务	网络服务
服务咨询热线：（010）88361066	机 工 官 网：www.cmpbook.com
读者购书热线：（010）68326294	机 工 官 博：weibo.com/cmp1952
	教育服务网：www.cmpedu.com
封面无防伪标均为盗版	金 书 网：www.golden-book.com

前言 QIANYAN 不吼不叫是一种教育智慧

当妈妈的,想一下自家的男孩是否信服自己。当男孩不听话的时候,我们是怎么办的呢?漠视?茫然?无助?抄家伙?无可奈何?大呼小叫?还是大吼大叫?很多男孩子都很调皮和淘气,经常惹得妈妈大吼大叫:"你别逼我发火啊!""跟你说过多少遍了!""你怎么就是不听话呢!""看你真是不长记性!""你给我滚出去!""看我不收拾你!""你找打啊!"……不可否认,男孩的教育问题,已经让很多妈妈感到不知所措。用什么方式更好地教育男孩,是我们每一位妈妈都应该用心思考的一个问题。

如果做妈妈的"大吼大叫",希望在气势上"压倒"男孩,那男孩就会真的"听话"了吗?未必。正所谓:"势服人,心不然;理服人,方无言。"只有在"理"上让人信服,他才会心悦诚服。所以,妈妈控制不住自己的情绪,不但不会把男孩教育好,还会影响自己在男孩心中的威信,使得今后更加难以教育孩子。

有这样一句非常有哲理的话:"掌控情绪,才能掌握未来。"在教育男孩这个问题上,其实也是一样的道理。所以,做妈妈的在教育男孩的过程中,一定要控制好自己的情绪。只有把精力用在控制自己的情绪和行为上,我们才不会去控制男孩的情绪和行为。

不吼不叫,照样能培养出优秀的男孩。之所以这么说是因为,当一位妈妈

情绪稳定时,她是理智的,她所作的每一个决定、所说的每一句话、所表现出来的每一个动作、所传递出的每一个眼神,都是经过深思熟虑的,都能够经得起男孩的"检验",男孩自然就会信服。

有的妈妈可能会问:"不吼不叫?面对调皮捣蛋的男孩,我们也可以不吼不叫吗?"当然可以,而且是必须的。不吼不叫教男孩,是一种教育智慧,是一种教育艺术,更是一种人性化的教育理念。同时,这种教育方式也是对男孩的一种尊重与鼓励。这样,男孩在妈妈那里感受到的就是温暖,就是积极正面的期许,他就会变得有自信,就会有解决问题、战胜困难的勇气和力量。

对于男孩来说,妈妈对他进行理智的、没有吼叫的教育,他是很容易接受的;而对他大吼大叫,甚至大打出手的教育方式,会使他产生逆反心理,甚至会反抗这种教育行为。当然,他也不会认真去改正自己的过失。所以说,妈妈温和些,讲理些,效果要比吼叫强很多倍。

每一位妈妈都想做个好妈妈,但如何才能达成这个愿望呢?妈妈教育男孩时不吼不叫,才会有更多的教育智慧。不吼不叫,会给妈妈们一个提醒,一种警示;不吼不叫,就容易培养融洽的母子关系;不吼不叫,家庭关系就会更加和谐;不吼不叫,妈妈更轻松;不吼不叫,男孩更优秀……

不吼不叫的教育智慧与方法会给每一位妈妈一种全新的思路,一份惊喜……做妈妈的一旦懂得了"不吼不叫"的教育精髓,一旦把这些方法付诸行动,就能轻松地让男孩健康、快乐地成长,从而成为一个睿智、有德、进取、负责、有强大竞争力的人。

鲁鹏程

目录

前言　不吼不叫是一种教育智慧

第一章　不吼不叫，是妈妈必须掌握的教育智慧

　　大多数妈妈在教育男孩的时候，都会采取吼叫的方式，一是源于说话习惯，二是追求当时震撼性的教育效果。但是，吼叫教育不仅会给男孩带来恐慌，也会严重挫伤他的自尊心，对于男孩的成长与发展没有任何好处。而"不吼不叫"是可以有效地激发男孩发挥各种潜力的最佳教育方式。不吼不叫，是妈妈必须掌握的教育智慧。

- 第1招　把"不吼不叫教育男孩"当作一种使命 / 1
- 第2招　一个不吼不叫的妈妈胜过10个好老师 / 3
- 第3招　透过男孩这面"镜子"反思自己 / 5
- 第4招　妈妈以身作则，男孩"不令而行" / 7
- 第5招　给男孩一个温馨和谐的家庭氛围 / 9
- 第6招　多读一些教育类书籍，提升素养 / 10
- 第7招　邀请男孩的爸爸参与到教育中来 / 12

第二章　好妈妈不吼不叫，才能走进男孩的心里

　　作为妈妈，无论我们多么爱自己的孩子，如果缺少了良好的教育方式，也无法让他接受我们的爱。每个人都渴望被了解，渴望被爱，男孩也不例外。其

实,好妈妈不吼不叫,才能让男孩主动向我们敞开心扉,才能让我们了解男孩神秘而丰富的内心世界。

- 第8招 要善于倾听男孩的心声 / 15
- 第9招 允许男孩指出妈妈的错误 / 17
- 第10招 勇敢地向男孩承认错误并道歉 / 19
- 第11招 力争做男孩心目中的偶像 / 21
- 第12招 尽量多抽出点时间陪伴男孩 / 24
- 第13招 敢于向男孩敞开自己的心扉 / 26
- 第14招 站在男孩的角度考虑问题 / 28
- 第15招 善于向男孩学习一些新知识 / 30
- 第16招 做一个有幽默感的妈妈 / 32
- 第17招 善于用肢体语言与男孩沟通 / 34
- 第18招 掌握一点批评男孩的艺术 / 36

第三章 好妈妈不吼不叫,探秘男孩一生的成长

男孩有他独特的生理特点和发育特点,我们只有了解了关于Y染色体、睾丸素、男性大脑结构等相关知识,才不会对男孩的英雄情结、精力旺盛、喜欢打斗、喜欢探索等问题感到不解,也才更不会因此而朝男孩吼叫。现在,我们就一起来探秘男孩一生的成长吧!

- 第19招 了解男孩独有的Y染色体的秘密 / 39
- 第20招 睾丸素影响男孩整个生命历程 / 41
- 第21招 男孩在脑发育中有优势,也有劣势 / 43
- 第22招 英雄情结是伴随男孩一生的特征 / 45
- 第23招 男孩都是精力旺盛的"淘气包" / 47
- 第24招 哭泣,也是男孩的一种表达权利 / 49
- 第25招 争吵与打架,是男孩的另一种"表达" / 51
- 第26招 男孩天生爱冒险,但要注意引导 / 53

- 第27招　男孩有探索欲望，请认同这个"破坏大王" / 55
- 第28招　男孩有时也很脆弱，请维护他的自尊心 / 57
- 第29招　0~18岁，认识男孩成长的三个阶段 / 59

第四章　好妈妈不吼不叫，心平气和教男孩做人

妈妈都希望自己的男孩长大后能够获得事业的成功，于是努力培养他的各种能力，却不教给他如何为人处事。殊不知，这是本末倒置，真正决定孩子能否成为有用之人的因素是他会不会做人，因为做人是每一个人的安身立命之本。所以，好妈妈都应该静下心来，心平气和地教孩子如何成为一个有孝心、有爱心、有羞耻心，既诚实守信又正直勇敢的人。

- 第30招　培养男孩的孝心，这是做人的根本 / 63
- 第31招　教男孩有一颗感恩的心 / 65
- 第32招　让谦卑成为男孩一生最好的"通行证" / 67
- 第33招　教男孩学礼貌，让他更可爱，更绅士 / 69
- 第34招　给男孩一颗仁爱的心，让他受益一生 / 71
- 第35招　培养男孩诚实守信的优秀品质 / 73
- 第36招　把男孩培养成一个正直又懂变通的人 / 75
- 第37招　教男孩懂得每天反省自己，不断进步 / 76
- 第38招　让男孩从小就知道"知耻近乎勇"的道理 / 78

第五章　好妈妈不吼不叫，培养独立的男孩

其实男孩本身也是渴望独立的，在他的内心，成为一个真正的男子汉才是他最想要实现的梦想。我们往往认为，对调皮的男孩就该严厉一些，但严厉并不是吼叫的代名词。我们应该学会用平静的心态与平和的语调对男孩进行教育，让他自然而然地学会独立。

- 第39招　放手，让男孩打理自己的生活 / 81
- 第40招　懂得多给男孩一些信任与理解 / 83
- 第41招　鼓励并充分尊重男孩发表自己的见解 / 85

* 第42招 有意识地让男孩吃点苦，经历风雨 / 87
* 第43招 培养男孩强大的适应能力 / 89
* 第44招 重视培养男孩与他人合作的能力 / 91
* 第45招 鼓励男孩积极与困难作斗争 / 92
* 第46招 教男孩积极行动，拒绝拖拖拉拉 / 95
* 第47招 把男孩当"强者"看，他就是强者 / 97
* 第48招 教男孩勇敢并不等于让他去冒险 / 98

第六章 好妈妈不吼不叫，培养男孩的领导才能

大多数男孩对当领导有很强烈的兴趣，而这正好可以促进男孩领导才能的培养。是否拥有领导才能不仅关系着男孩能否拥有一个不错的学习生涯，而且还关系着他未来人生的方向。因此，在男孩小的时候，我们就要培养他的领导才能。

* 第49招 培养男孩领导才能第一步——自我管理 / 101
* 第50招 教男孩学会与人交往，建立强大的人脉关系 / 103
* 第51招 鼓励男孩参与竞选班干部，崭露头角 / 105
* 第52招 增强男孩的危机意识，提升危机处理能力 / 107
* 第53招 鼓励男孩要对他人的缺点有包容心 / 109
* 第54招 通过各种方式培养男孩的组织协调能力 / 111
* 第55招 培养男孩正确的价值观，别让他迷失自己 / 113
* 第56招 让男孩远离嫉妒心理，成为胸怀广阔的人 / 115
* 第57招 培养男孩勇于决断、善于决断的能力 / 117
* 第58招 培养男孩的主见，不让他做"怎么办先生" / 119

第七章 好妈妈不吼不叫，培养男孩的责任感

我们都希望男孩能成为一个负责任的人，但是现在很多男孩却并不具备责任感，看到他们种种不负责任的行为，我们也会忍不住吼叫批评。依靠吼叫自

然是不会让男孩具备责任感的，我们还是多动动脑筋，用正确的教育方法教他们学会负责任吧。

* 第59招　不替男孩承担过失，让他为自己的行为"埋单" / 123
* 第60招　不让男孩为自己的错误找各种借口 / 125
* 第61招　男孩的责任感一定要从小培养 / 127
* 第62招　让男孩从小就热衷于慈善公益事业 / 129
* 第63招　鼓励并支持男孩参与社会实践活动 / 131
* 第64招　尽快解除男孩对妈妈的依赖情结 / 133
* 第65招　引导男孩树立远大理想，富有使命感 / 135

第八章　好妈妈不吼不叫，培养出高情商的男孩

无数事实证明，在男孩的成长过程中，情商的培养是一个非常重要的方面，不仅关乎他现在的身心健康成长，更关乎他未来的发展。作为妈妈，我们要培养出高情商的男孩，让他的成长之路走得更加顺畅。

* 第66招　情商是男孩未来成功的关键 / 139
* 第67招　教男孩早日学会自我激励 / 141
* 第68招　教男孩控制冲动，对他延迟满足 / 143
* 第69招　培养男孩知难而进的进取精神 / 145
* 第70招　教男孩遇到"突发事件"时镇定自若 / 147
* 第71招　注重培养男孩分辨是非的能力 / 149
* 第72招　积极培养男孩的同情心 / 151
* 第73招　教男孩学会掌控自己的情绪 / 153
* 第74招　培养男孩独立解决问题的能力 / 155

第九章　好妈妈不吼不叫，男孩才会更加爱学习

一提到男孩的学习，我们的神经可能会立刻绷紧，一看到他惨不忍睹的学习成绩，我们就会忍不住冲他吼叫。但是骂他不上进是不起作用的，还是更理

智一些吧，正确的教育方法才能让男孩真正爱上学习。

- 第75招 教男孩学会自学，提升他的学习力 / 159
- 第76招 鼓励男孩多动脑去思考一些问题 / 161
- 第77招 充分调动男孩的探索、求知欲望 / 163
- 第78招 认真地对待男孩提出的每一个问题 / 165
- 第79招 尽可能地创造条件开阔男孩的视野 / 167
- 第80招 教男孩掌握一些有效的学习方法 / 169
- 第81招 关注男孩的兴趣，避免他产生厌学情绪 / 170
- 第82招 不要仅仅用成绩单评判男孩的好坏 / 172
- 第83招 允许男孩出去玩，让他注意劳逸结合 / 174

第十章 好妈妈不吼不叫，有效地提升男孩的财商

财商是一个人在财富方面的智力，拥有高财商的人，不仅能很好地控制和驾驭金钱，还能利用金钱给自己带来更多财富。如今，财商已经同智商、情商一起成为教养孩子必备的内容。但是，孩子的年龄小，自控能力弱，心理不够成熟，这都对妈妈培养男孩的财商构成了挑战，然而，好妈妈一样可以想出办法在不吼不叫的前提下提升男孩的财商。

- 第84招 坚决拒绝男孩的不合理要求 / 177
- 第85招 教男孩懂得"一粥一饭，来处不易" / 179
- 第86招 对男孩一定要"智爱"而不是溺爱 / 181
- 第87招 让男孩从小就懂得生活的艰难 / 183
- 第88招 注重培养男孩的忧患意识 / 185
- 第89招 别让男孩从小就成为"小富翁" / 187
- 第90招 教男孩从小养成储蓄的良好习惯 / 189
- 第91招 培养男孩正确的消费观，不攀比 / 191
- 第92招 给男孩一次持家理财的机会 / 193
- 第93招 要让男孩做金钱的主人而不是奴隶 / 195

* 第94招　向男孩传授保有财富的"真经" / 197

第十一章　好妈妈不吼不叫，帮男孩平稳度过青春期

在生物学上，青春期是指人体由不成熟发育到成熟的转化时期，也就是孩子由儿童到成年的过渡时期。在这个时期，男孩的身心都发生着巨大变化，非常需要我们的关注和引导。我们只有用不吼不叫的教育方式，才能帮男孩平稳度过青春期。

* 第95招　正确对待叛逆的青春期男孩 / 201
* 第96招　给青春期男孩一个自由的空间 / 203
* 第97招　把握好青春期男孩成长的心理需求 / 205
* 第98招　允许青春期男孩申辩，给他解释的权利 / 207
* 第99招　与男孩沟通青春期的爱情 / 209
* 第100招　妈妈也可以与青春期的男孩谈性 / 211

第一章
不吼不叫，是妈妈必须掌握的教育智慧

大多数妈妈在教育男孩的时候，都会采取吼叫的方式，一是源于说话习惯，二是追求当时震撼性的教育效果。但是，吼叫教育不仅会给男孩带来恐慌，也会严重挫伤他的自尊心，对于男孩的成长与发展没有任何好处。而"不吼不叫"是可以有效地激发男孩发挥各种潜力的最佳教育方式。不吼不叫，是妈妈必须掌握的教育智慧。

第1招 把"不吼不叫教育男孩"当作一种使命

近年来，在家庭教育领域中，我们越来越多地听到一个词——零吼叫，就是用不吼不叫的方法把孩子教养好。这个"零吼叫"教养强调的是教育者应该把注意力放在如何安抚自己的焦虑情绪上，而不是用近似吼叫的方式达到控制孩子的目的。

那么，我们做妈妈的肯定就会质疑，不吼不叫的教养效果一定胜过吼叫吗？只要能起到教育孩子、警示孩子的目的，何必一定要控制自己不吼叫呢？在某个特定的时段，一声吼叫往往会比轻声慢语地讲道理管用啊！"零吼叫"或"不吼不叫"的教养方式到底好在哪里？我们为什么要把这种教育方式当作使命呢？"使命"意味着无条件的承担，我们有必要把"零吼叫"教养模式当成使命吗？

我们可以静静地思考一下，我们为什么要吼叫？一般在什么情况下我们会吼叫？吼叫之后的结果是什么？

妈妈打开冰箱的时候，儿子阿吉也凑了过来。阿吉踮着脚摸了摸鸡蛋，正想拿一个鸡蛋看看，妈妈突然大声说："哎呀，别拿鸡蛋，你会把鸡蛋打碎的。"阿吉听到妈妈的吼叫，先一惊，然后赶快把手缩了回去。

阿吉的妈妈为什么会吼叫？因为不想让儿子打碎鸡蛋！下次遇到类似的情形，妈妈还会对阿吉吼叫吗？肯定会，因为吼叫起到了作用。

除了想制止男孩的行为之外，当男孩把我们惹得"暴跳如雷"时，我们只能用大声吼叫的方式发泄自己的情绪；当我们苦口婆心地教导他，而他却屡教不改时，我们还怎么能忍住不发火？

所以，引发吼叫的根源往往是男孩的所作所为不符合我们的心意，激发了我们的愤怒情绪，我们又急切地希望他能够服从我们的指令，于是我们的音量增大了，语速加快了，面目变得狰狞了。

由此可以看出：愤怒情绪和想控制男孩的想法，使我们不得不吼叫。那么，我们一吼叫，男孩一般会有什么反应呢？

我们对男孩吼叫的时候，男孩只会做出或服从或反抗的反应。如果他服从了，我们会立刻尝到吼叫教育的"甜头"，于是，不知不觉地就会增加对男孩吼叫的频率和力度。然而男孩行为上的服从，并不代表心里服从，如果他口服心不服，等到他"忍无可忍"的一天，他会用更强烈的方式表示对我们的不满。那时，我们除了伤心难过之外，很难把孩子爆发的原因归结为我们的吼叫，而且从此，我们也永远失去了能制服他的招数，他也就"名正言顺"地进入了逆反期。可怕的是，他会带着这种逆反情绪与家人、同学、老师等所有人相处，成为大家眼里的"钉子"。如果男孩心服口服地接受了，他就会为了避免听到妈妈的再次吼叫，而战战兢兢地生活，他不会主动去尝试新鲜事物，他会因害怕犯错而拒绝成长，从而逐渐变得胆怯和懦弱，最后成长为一个懦弱、不敢承担责任的人。

所以，用吼叫的方式教育出的孩子不是叛逆者就是懦夫，这就是为什么我们要把"零吼叫"教养当作使命的根本原因。

既然明白了这个道理，我们要做的就是相信自己，相信自己可以做到"不

吼不叫"。我们不要奢望男孩有多听话,而是要学会控制情绪,学会用柔和的方式与男孩交流。当然,这个学习和练习的过程也许不短暂,也许我们有时真的无法控制住情绪做到不吼叫。但是,只要我们有这个意识,不断鼓励自己,那么吼叫的频率会逐渐减少,吼叫的力度也会逐渐减弱。

随着我们的转变,男孩也会逐渐朝着积极的方向发展,总有一天,我们会用不吼不叫的方式教养出德才兼备的好男儿。

第2招 一个不吼不叫的妈妈胜过10个好老师

"妈妈"和"老师",对于男孩而言都是非常重要的角色。不过,无论老师多么重要,都无法替代妈妈。一个好妈妈的确可以胜过一个好老师,而不吼不叫的妈妈可能胜过10个好老师!

我们不是刻意拿"妈妈"和"老师"进行比较,而是更强调好妈妈的重要性。男孩从呱呱坠地到上幼儿园,"老师"这个名词对他来说是空白的。但是,"妈妈"却时时刻刻伴随着他,妈妈的言行举止一直影响着他,感染着他。等他开始走进学校,跟着老师进行学习的时候,他已经在妈妈的影响下,养成了固定的思维模式和行为习惯。从这个角度来讲,妈妈就是男孩人生中的第一任老师,如果我们懂得用不吼不叫的方式教育男孩,他一定能打下良好的做人与做事的根基。

很多时候,我们会把教育孩子的希望寄托在老师身上。但是,老师的精力是很有限的,老师要管理几十个人组成的班级,他对每一个孩子的关注很难达到非常细微的程度。所以,我们与其希望孩子遇到10位好老师,还不如让自己成为不吼不叫的好妈妈。因为,孩子能遇到什么样的老师,我们做不了主,但是我们能成为什么样的母亲,我们自己完全可以做主。

另外,男孩入学后,他的生活除了学校就是家庭,如果他在学校被老师刚训斥完,回到家又被妈妈吼叫一通,他心里会多难受啊!如果老师柔声细语地给他讲道理,而我们却总是大吼大叫地斥责他,我们在他心中的威信自然会越来越低,他也会越来越不听话。所以,男孩遇到什么样的老师不重要,重要的

是一定要受到好妈妈的正确引导。

用我们的柔和化解男孩的"遭遇"

浩浩因为在学校和同学打架，被老师狠狠地训斥了一顿，他心里很难受。一回到家，妈妈就发现他脸色不对，在妈妈的询问下，浩浩把在学校发生的事情说了出来。原来，他和同学闹着玩，不小心弄疼了同学，一来二去就"升级"为打架了。

妈妈听了浩浩的描述，不急不慢地说："妈妈理解你的心情，以后和同学玩耍要注意分寸，不要最后弄得大家都不高兴。下次注意就好了，别多想了，老师批评两句也是很正常的。行了，洗洗手，吃点儿水果吧！"

男孩被老师批评了，他回到家最需要的就是我们的安慰。如果此时我们因男孩做错了事，就大声斥责他，他一定会感到很无助，会因不被理解而更加难受。所以，我们一定要用柔和的态度帮男孩化解他在学校的"遭遇"。

别让"吼叫"使我们变得没有威信

一天，吴刚兴高采烈地对妈妈说："妈妈，我们学校今天组织募捐，昨天您不是给我10元钱嘛，我当时就准备把10元钱捐出去……"

妈妈刚听到这，就大吼道："你把10元钱都捐了？咱们家的情况，你不是不知道，你把零花钱都捐了，那这个星期你就别问我再要零花钱了！"

吴刚听妈妈这样一说，也大吼道："没有，我是想捐10元，可是老师只让我捐2元，还告诉我2元钱也足够代表我的心意。"说完，吴刚转身跑开了。

吴刚的老师是位好老师，他能从学生的家庭情况出发，作出正确引导。可是妈妈的教育方式和老师形成了巨大的反差，这不得不让吴刚更喜欢老师，而远离妈妈。

话说回来，即使吴刚捐了10元钱，如果我们能慢慢地把"量力而为"的道理讲给他听，他不但能听懂道理，而且会敬仰我们。如果我们用吼叫的方式给他讲道理，他不但听不进去，还会因为我们恶劣的态度而生气，结果，我们的

教育目的没达到,还弄得两败俱伤。

所以,男孩对我们产生了依赖感还是排斥感,完全取决于我们的态度,也就是说我们是否用不吼不叫的方式教育孩子。

第3招 透过男孩这面"镜子"反思自己

我们每位妈妈都有照镜子的经历,我们自己衣着整齐,镜子里的我们就不会衣着凌乱,"镜子"是对我们形象的真实反照。然而,我们是否知道,生活中有一个"小镜子"正时时刻刻地反照着我们,这个小镜子就是我们的孩子。

10岁的李翔从小就没有养成"物归原处"的习惯,他的书包不是在鞋柜上,就是在餐桌旁,要么就是在他自己的房间里。他的衣服、鞋袜也是随处乱放,有时早上起来为找一只袜子,就要花10分钟的时间。

不仅如此,李翔总是因为忘带书本或学习用品而被老师批评。妈妈也很受不了李翔总是把东西乱扔乱放,心情好的时候就冲李翔叨叨两句,心情不好的时候,就对李翔吼叫道:"去!把你的东西放好!"

李翔虽然会马上收拾,可是不出一天,家里就能随处见到李翔的各种物品。

这种场景也许会常常出现在我们的家庭中,我们在责怪男孩的同时,却忘了问自己:"他为什么会这样?他没有养成良好习惯的根源在哪里?"

仔细观察李翔的妈妈,她也经常丢三落四,不是把手机落在家里,就是把它落在单位。打开她的包,里面什么东西都有,想立刻找出一件小物品,不把书包翻个底儿掉,肯定找不到。再看看她的衣柜,所有的衣服堆成一团,看上去乱极了。原来,有其母才有其子啊!

可惜的是,我们做妈妈的总是看到男孩的问题,却不知道他的问题其实就是我们自身问题的反映。正是因为我们没有"反观自省",才会把眼光盯在男孩身上,并一次次地对着他大吼大叫,而男孩也只能无辜地承受着!

❀ 通过男孩的言行,反思自己 ❀

泉泉期中考试没考好,于是,妈妈就开始大声数落泉泉:"一天到晚就知

道玩儿，不拿出时间来学习……"一开始，泉泉没说话，妈妈说多了，泉泉突然吼叫说："谁说我一天到晚就知道玩，难道我没有学习吗？"

妈妈愣了一下，没想到儿子会这样对自己说话，气上心头，一巴掌打在泉泉脸上，吼道："谁教你这样跟我说话的？"

谁教会男孩跟妈妈如此讲话的？谁教的？妈妈自己啊！

妈妈用什么样的方式对待孩子，孩子也会用同样的方式对待我们，因为这个过程就是一个"教"与"学"的过程。我们"教"得不知不觉，孩子自然"学"得也会不知不觉，根源就是我们"教"错了。

所以，如果孩子的言行举止让我们觉得不妥当了，让我们感到不被尊重了，我们先不要急着大声责骂他，而是想一想，自己的言行是不是和男孩很相似？如果答案是肯定的，我们就要意识到，平时种的种子，现在开始结果了。唯一的办法就是，我们自己必须赶快改变。

通过男孩进一步认识自己

儿子做事毛躁，总喜欢插嘴。妈妈开始反思：我自己做事也不毛躁啊，也没有抢着说话的习惯，为什么孩子这样？

其实，妈妈的性格很急，说话快、走路快、办事快，这种火急火燎的性格每天都感染着儿子，儿子表现在行为上就是等不及别人说完话，做事时总想着尽快做完。

可见，母子俩的表现形式不同，但根源都是心急。

孩子所表现出来的行为特点一定可以从我们身上找到原型，也许是表现形式不同，但根源一定相同，这是毋庸置疑的。如果我们有怀疑，只能说我们对自己的了解不够深入，尚且没有把孩子的行为与我们的性格联系起来，我们一旦发现其中的关联性，就会觉得男孩是多么无辜啊！他乖乖地学会了我们"教"他的东西，可是他一旦学以致用的时候，我们却要指责他，批评他，他岂不是太冤枉了！

所以，请我们在吼叫之前先忍一忍，反思一下自己，通过这面"小镜子"

找到自己的问题。如果我们真的找到了，我们就自然而然不会再吼叫了。

要知道，我们对男孩的每一声吼叫，就是对自己的否定。

第4招 妈妈以身作则，男孩"不令而行"

李禾禾是外交部前部长李肇星的儿子，他于2001年以年级第一的成绩从美国宾夕法尼亚大学毕业，而后被哈佛大学工商管理学院录取。对于教育，李肇星的夫人秦小梅女士认为，身教的力量是无穷的。

李禾禾5岁时，秦小梅女士的一位朋友遭遇了重大挫折，并打电话过来哭诉。秦女士就安慰道："别哭了，擦擦眼泪，问题总可以解决的。"之后不久的一天，李禾禾的幼儿园老师对秦女士说："每次有小朋友哭闹着要回家的时候，禾禾就会走上去劝人家，说'不要哭了，马上就到星期六了，马上就可以回家见爸爸妈妈了。'他一边劝，还一边给小朋友擦眼泪。"秦女士一听，一下子明白是自己劝朋友的情景印在了禾禾心里。

还有一次，秦女士在与朋友交谈时，多次提到了"感谢"一词。第二天，秦女士在给禾禾顺手递东西时，禾禾竟然说了声："谢谢妈妈！"

经过这两件事情，秦女士意识到，父母的言行对孩子有很大的影响力。她认为：孩子接纳、学习新知识的能力特别强，妈妈千万不要低估"身教"的力量，妈妈自己"行得正，坐得端"，孩子就会很好教甚至不用教。

没错，孩子行为习惯的养成过程不是用大脑思考的过程，而是通过感觉器官感受到并自然表达的过程。他感受的源头是父母，特别是妈妈的行为习惯。妈妈的言行举止"什么样"，他就感受到"什么样"，自然表现出"那个样"。

古语说："其身正，不令而行；其身不正，虽令不从。"如果我们能做出好的榜样，不用要求男孩，他就会学着我们的样子行动起来；相反，如果我们自己都做不到，却要求孩子做到，即使我们把嗓子吼破，他都不会服从。所以，我们明白了这一点，就根本用不着大吼大叫地去要求他、控制他，只需要把注意力放在如何改善自己的行为习惯，就可以了。

务必要重视身教的力量

前苏联著名教育家马卡连柯曾说:"不要以为只有你们同儿童谈话,或教导儿童、吩咐儿童的时候,才教育着儿童。在你们生活的每一瞬间甚至当你们不在家的时候都教育着儿童。你们怎样穿衣服,怎样跟别人谈话,怎样谈论其他的人,你们怎样表示欢欣和不快,怎样对待朋友和仇敌,怎样笑,怎样读报……所有这一切对儿童都有很大意义。"没错,"身教"虽然是无声的教育,但却是最有力度的教育,也是最有效的教育。

有一个上小学三年级的男孩,他的爱好就是读书,如果每天有2个小时没有读到书,他就会觉得很难受。原来,阅读是他妈妈的一大爱好,妈妈每天一有空就会读书。她从来没有要求男孩读书,可是男孩自己就爱上读书了。

类似这样的例子在生活中随处可见。一有时间就看肥皂剧的妈妈总会吼叫着催促男孩去学习,可是一有时间就读书学习的妈妈,不用催促孩子,他自然就去学习了。所以,教育的真谛无他,榜样而已。既然如此,我们就要立志把"吼叫教育"转变成"榜样教育"。

帮男孩建立正确的人生观

赵刚总喜欢给同学起外号,大家都不喜欢他。原来,他的妈妈在家里提起邻居、同事或朋友的时候,都是以"代号"相称,很少称呼对方的名字。于是,赵刚觉得给同学起外号,也是很正常的。

男孩在成长过程中,对于好坏、是非并没有明确的概念。他并不知道什么话不该说,什么事不该做。他看我们说了、做了,就认为这是合理的,他的人生观和价值观完全是从我们的言行举止中获得的。

如果妈妈爱撒谎,就别指望男孩能够诚信做人;如果妈妈不孝顺父母,也别指望孩子将来会孝顺我们;如果妈妈总是冲别人吼叫,也别指望孩子能够柔声细语地对父母讲话……所以,我们想让孩子成为什么样的人,自己首先要成为那样的人。

第5招 给男孩一个温馨和谐的家庭氛围

"家庭氛围"是看不见、摸不着的东西，但每个家庭成员都能感受到它，男孩也不例外。如果把男孩比作一颗小树苗，那么家庭氛围就如同孩子赖以生存的土地，如果我们常常给土地施肥，小树苗自然能够茁壮成长。

而家庭气氛的主要制造者是谁呢？是孩子的父母。我们通过什么来营造家庭气氛呢？通过我们的言行举止。如果我们常常在家里大吼大叫，家庭气氛就会显得很紧张，男孩也会有压抑感；如果我们总是柔声细语，家庭就会充满祥和的气氛，男孩也会觉得很轻松。所以，男孩在家庭中除了吃饱穿暖之外，精神营养完全来自这看不见、摸不着的气氛中。

如果家庭氛围因为我们的吼叫而变得凝固，男孩就有不愿意回家的念头，这个念头很危险。我们注意观察一下社会现状，那些成绩不好、习惯不良甚至走上犯罪道路的男孩，80%以上来都自环境不良的家庭。

家庭环境给男孩造成的影响，不仅体现在生活、健康、学习等方面，更体现在情感、个性、品德等方面。所以，请妈妈们用女性特有的温柔给男孩一个温馨和谐的家庭氛围。

与家庭成员保持良好的关系

小南的爸爸每天都很晚回家，对小南母子俩的关心很有限，妈妈对此非常不满。爸爸和妈妈常常半夜吵架，两人的吼叫声吓得小南躲在被窝里直哭。

每次在爸爸妈妈吵完架的第二天，小南都无法安心学习，总是一副魂不守舍的样子。而且，妈妈也会因心情不好而莫名其妙地向小南发火，这更让小南觉得家庭没有温暖。

结婚后的女性，在家里扮演着妻子、媳妇、母亲等不同的角色，要与丈夫、公婆、父母等不同的家庭成员打交道。相处中的摩擦是很难避免的，但是，如果我们顾及到家庭环境对男孩的影响，就应该用沟通的方式解决矛盾，互相宽容、互相理解，而不是用发脾气、骂人、大吼大叫的方式解决问题。这

种方式不但解决不了问题,还会让矛盾更加激化。而在"家庭战争"中,我们最容易忽略的,也最容易受伤的人就是家里的孩子。所以,为了他们身心健康发育,请妈妈们和家人共同为他营造和谐温馨的家庭气氛。

给孩子一个安静的学习环境

大吼大叫是表达情感的一种方式,但并非只有愤怒时才会吼叫,当激动、兴奋时也会吼叫。无论哪种吼叫方式,次数一多,男孩的内心就不会安宁,所以,我们制造的家庭气氛应该以宁静祥和为主。

高女士热情好客,常常把朋友约到家里来聚会。大家要么高声畅谈,要么打打麻将,要么唱卡拉OK,嘈杂的声音让儿子无法学习。直到聚会散去,儿子才能安心写会儿作业,但是写不了几个字,就到了睡觉时间。所以,儿子经常因为完不成作业而被老师批评。

渐渐地,一到高女士和朋友聚会的时候,儿子干脆就放下作业本,大人们在外面玩,他自己在房间玩儿。而他的学习成绩一直在退步,期中考试居然排在班级倒数几名。高女士生气地对儿子说:"你怎么这么不争气?"

男孩为什么不争气?是我们没有给他提供安静的学习环境。我们既然很重视他的学习状况,就应该为他能安心学习创造条件。如果男孩学习的时候,我们把电视机声音开得很大,或者和家人很大声地讨论问题,或者像高女士一样常常在家里组织娱乐活动,男孩的学习情绪一定会受到影响,是我们的行为影响了孩子的学习,我们又怎么能责怪他不争气呢?

所以,只有我们尽力为男孩打造祥和的家庭气氛,他的精神才会吸收足够的养分,才能形成比较健全的人格和良好的品格,才能精力充沛地去学习,才更有可能成为全面发展的男子汉。

第6招 多读一些教育类书籍,提升素养

一位妈妈对教育孩子没有什么经验。儿子刚出生不久,她就因为工作忙,把儿子托付给了保姆。每天下班回到家后,她也很少跟儿子进行互动和交流,

晚上儿子也是和保姆一起睡。而保姆人很老实，话不多，也很少和儿子说话。渐渐地，妈妈发现儿子比同龄孩子的语言能力差很多。

于是，她开始翻看一些教育类的书籍，有些书中明确提到，3岁之前是孩子语言发育的关键期，如果父母能常常和孩子对话交流，孩子的语言能力就会增强。如果错过关键期，再想提高孩子的语言表达能力，父母就要付出更多的心血。

妈妈看到这里，就觉得很后悔。不过，虽然知道得有点儿迟，但总比完全不知道要好。之后，妈妈常常和孩子一块玩游戏，唱儿歌。后来，孩子的语言表达能力提高很多。

从上面这个例子中我们可以看出，虽然我们已经为人母，但是我们对"教育"并不一定精通。我们往往根据自己的经验、习惯和心情来教导男孩，而我们的经验并不一定正确，也不一定科学。如果用并非正确的方式来施教，受教者的发展状况如何，我们真的无法预料。

所以，对教育并不精通的我们，一定要有意识地去学习。很多教育类的书籍为我们提供了大量可考证的、通过实践总结的、适用于现代家庭的教育方法，可以说，这些书是我们正确教育孩子的指南针。我们只有通过读书学习，进一步提升自己的教育素养，才能最大限度地避免因错误施教而产生的不良后果。

那么，我们应该从教育书籍中学习些什么呢？

了解男孩的成长规律

2岁的玮玮最近一段时间总爱咬人，不是咬爸爸的手，就是咬妈妈的胳膊。每次，妈妈都会大声呵斥他，以便让他知道咬人是不对的。但是，玮玮好像改不了，总会情不自禁地咬人。

如果妈妈不了解男孩的成长规律，就很难理解他咬人的行为，自然会用吼叫的方式制止他。其实，这是男孩进入了用口探索环境的敏感期。此时，我们需要给他准备无毒无害又干净的橡皮圈，或者各种软硬不同的食物，以供他去咬。等过了这个时段，他自然就不咬了。

那么，这些有关男孩成长规律的知识，我们从哪儿得来？无疑是书籍。我

们了解这些知识,就很容易理解他处在某一阶段的特殊行为。理解之后,我们不但不会冲他吼叫,还会用有效的方法帮他度过每一个敏感期。

学会用"好方法"教育男孩

一些教育类书籍的作者,要么是教养出优秀儿女的父母,要么是被学生喜爱的好老师,要么是有高度教育敏感度的教育专家。他们通过书籍,把好的教育方法以及对教育的感悟展现出来,以供我们借鉴。同时,他们也把在教育实践中用错的方法以及对教育的反思呈现出来,让我们以此为戒。他们所呈现在书籍上的内容与我们的生活息息相关,所举出的事例甚至是我们家庭中的"原形再现"。

那么,我们完全可以借助这些书籍,去思考适合男孩的教育方法。这样,我们在教育的路上会少走一些弯路,男孩的成长也会因我们教育素养的提升而得到保障。

以提升教育心境为根本

我们在阅读教育类书籍的时候,一定要知道:书中所有的例子和方法,只是起抛砖引玉的作用,不能一味照搬,也不能盲目效仿。因为同一种方法,用在不同孩子身上就会有不同的效果,所以要懂得因材施教。而且,同一种教育手段,让不同的教育者用在同一个孩子身上,结果也有可能会不同。所以,妈妈和男孩的互动可以说是独一无二的。

在很多教育类书籍里,作者表面上通过事例讨论如何教育孩子,其实背后都在强调教育心境,就是"感同身受"。因此,我们在教育中,一定要学会体会男孩的感受,理解他的需要,当我们的"心"听到他的心声时,自然就激发了教育灵感,也找到了好的教育方法。此时,教育效果一定不错。所以,借助书籍提升教育心境,才是我们学习的根本。

第7招 邀请男孩的爸爸参与到教育中来

教育孩子绝对不是妈妈们单方面的责任,男孩的爸爸在家庭教育中扮

演着不可忽视的角色。由于性别的相似性，男孩会逐渐从"依赖妈妈"向"关注爸爸"转变，他潜意识中越来越关心"作为男性应该具备些什么"的问题，他会试图从身边的男性身上寻找答案。此时，如果爸爸不在他身边，或者并不关心他，他就会因为找不到答案而迷茫、困惑甚至失去成长的方向。

约瑟·麦道卫是美国著名的婚姻与子女教育专家，他在作了大量的社会调查后发现：与母亲相比，父亲在教育男孩时，往往不会把焦点放在细枝末节上，而是让男孩在规定的制度范围内自主成长。这种"大框架"式的教育方式，会迫使男孩发挥自己的智慧和能力独立解决问题。由此，男孩的意志品质和解决困难的能力就会得到充分锻炼。

其实，父亲对男孩的影响不仅是智力方面的，孩子的性格、体格和情感的形成与发展也会受父亲的影响。如果父亲很少与孩子接触，孩子的身高和体重发育速度会慢一些，肢体平衡能力也相对较差。另外，缺乏父爱的孩子容易焦虑，也比较怯懦，而且自尊心不强，情感的自控能力也较差，专家把这一系列现象称为"缺少父爱综合征"。

既然父亲对男孩的教育作用不可替代，那我们就要邀请孩子的爸爸参与到教育中来，让他把男性特有的独立、果断、勇敢、坚强等特质传递给男孩，让男孩远离"缺少父爱综合征"，成为一个品行优良的男子汉。

请丈夫常常陪伴男孩

没有哪个男孩不渴望获得父亲的陪伴，因为大部分男孩都把父亲当成偶像，如果能被"偶像"关注，内心就会无比喜悦和幸福。所以，我们要建议丈夫抽空多陪男孩玩耍，多与男孩交流，哪怕不做具体的互动，丈夫的存在也能给男孩莫名的力量。

而且，如果平时丈夫能在男孩临睡前回到家，男孩就会感觉到踏实和安全，也会因此睡得更香甜。当然，如果丈夫能坐在男孩的床边与其寒暄几句，父子之间的距离就不会因为父亲的忙碌而拉开。

请丈夫多与男孩一起吃饭

有一个耳熟能详的故事：小男孩一直等待着加班回来的爸爸，并询问爸爸一小时能赚多少钱。当他得知爸爸一小时能赚20美元时，他向爸爸开口借10美元。因为加上他自己存下来的10美元，他就可以买到爸爸一小时的时间，他希望爸爸能用这一小时的时间和他共进晚餐。

聚餐的方式可以增进人们之间的感情，而父子俩的聚餐同样能起到这样的作用。可让丈夫趁吃饭的时候，询问一下男孩的学习情况，关注一下男孩的精神状态，多和男孩沟通两句……通过类似的互动，男孩不仅感受到了父亲对自己的关心，父亲的教育理念也会随之渗透在男孩的脑海中。

与丈夫保持教育的一致性

妈妈和爸爸是教育孩子的合作伙伴，在合作中肯定会遇到各种各样的问题。针对这些问题，我们一定要经常沟通，尽量达成共识，保持教育的一致性。否则，男孩不但不知道该听谁的教导，还会在其中钻空子，反而不利于他的成长。

另外，父母双方一定要恪守以下原则：第一，当一方正在教育孩子时，另一方不能直接干预并表示反对；第二，决不当着男孩的面数落对方的不是；第三，事后及时沟通，虚心听取对方的意见。这样，男孩的成长会因我们良好的合作而更加顺利。

与丈夫一起提高教育素养

妈妈平时可以把不错的教育类书籍推荐给孩子的爸爸，大家共同学习一下教育类的知识，彼此交流一下心得体会。随着学习的深入，教育理念就会趋于一致，有了共同的、正确的教育标准，再一起合作教育男孩，不但不会手足无措，还会很有默契，这样的合作才是成功而有效的。

第二章
好妈妈不吼不叫，才能走进男孩的心里

作为妈妈，无论我们多么爱自己的孩子，如果缺少了良好的教育方式，也无法让他接受我们的爱。每个人都渴望被了解，渴望被爱，男孩也不例外。其实，好妈妈不吼不叫，才能让男孩主动向我们敞开心扉，才能让我们了解男孩神秘而丰富的内心世界。

第8招 要善于倾听男孩的心声

一位14岁的男孩，曾经几次离家出走，他讲述了自己与妈妈的关系："我和妈妈现在已经到了相对无言的地步，无论我说什么，都无法得到她的理解，她总能找出任何理由来反驳我。有一次，我对妈妈说：'妈妈，我不想学习……'还没等我说完，妈妈就说：'我辛辛苦苦供你上学，希望你有个好前途，你竟然不想学习……'原本想和妈妈说说心里话，谁知她根本就不了解我的真实想法。从此以后，我再也不向妈妈表露自己的内心感受了。"

在生活中，这样的例子并不少见，很多男孩在我们面前把自己"包裹"起来，不愿意向我们敞开心扉。究其原因，是我们不懂得倾听男孩的心声，在家里经常是"我们说，孩子听"，从来没有留给孩子倾诉的机会和时间。

心理学家研究发现：如果父母从不听孩子说话，孩子长大后往往要经过多年的治疗才能恢复自尊。因此，我们要改变那种"我们说，孩子听"的方式，与其做一个高明的诉说者，不如做一个高明的倾听者，要善于倾听男孩的心声，进而走进男孩的心里。

给男孩倾诉的机会

"妈妈,我们班今天发生了一件事……"

"好了,好了,尽说些没用的话,你要是把心思都用到学习上,还愁学习不好吗?快去写作业吧!"

这样的场景也许经常发生在我们身边,男孩还没说两句话,我们就以这样的方式回绝了他。然而,当男孩什么都不对我们说的时候,我们又开始指责他。其实,这一切都是我们亲手造成的,因为我们没有给男孩倾诉的机会。

英国教育家赫伯特·斯宾塞曾经说:"给孩子诉说的机会,认真倾听孩子的话语。这样父母能更多地了解孩子,并对孩子不正确的思想与做法及时进行纠正与引导,使孩子一直走在健康快乐的身心成长之路上。"的确是这样,我们只有给男孩倾诉的机会,他才会向我们敞开心扉,我们才能更好地了解他、帮助他。

因此,我们要给男孩一个倾诉的机会,静下心来倾听他的心声,做他最忠实的倾听者。这样,男孩对我们的信任会越来越深,也会越来越愿意向我们诉说他的心里话。

不打断男孩,耐心听他诉说

倾听男孩的心声,最重要的是尊重。尊重男孩,最基本的原则是在男孩倾诉的过程中不打断他,耐心地倾听他的心声。

一天,7岁的彬彬和同学发生了摩擦,回到家后,他生气地向妈妈诉说。妈妈什么也没有说,只是坐在彬彬的身边,耐心地听他说。不一会儿,彬彬就恢复了平静。说着说着,彬彬好像突然想起了什么,他一边收拾玩具,一边对妈妈说:"妈妈,我约了小朋友在楼下玩,我先去玩儿了。"说完,彬彬就高兴地跑出了家门。

在如此短的时间内,彬彬情绪上有如此大的变化,这完全要归功于妈妈,归功于妈妈倾听他说话的态度。妈妈没有打断他的话,而是耐心地倾听他的烦

恼，让他把内心的不高兴一吐为快。

其实，很多时候，男孩向我们倾诉他的心声，并不是要我们帮助他解决什么事情，而是一种宣泄方式。这时候，我们不要去打断他，要用耐心的倾听给他精神上的安慰和支持。

用诚意去倾听男孩的心声

当男孩主动向我们倾诉的时候，我们一定要拿出诚意来，善于用肢体语言和眼神来表达对男孩的话感到愉悦和有兴趣。

在男孩诉说的过程中，我们要用眼睛注视着他，不时加上一些话语，比如："发生了什么事情，说来听听。""这样啊，然后呢？""真是没想到，接着说下去。"我们也可以用一些肯定语气的词语回应男孩的感受，比如"嗯"、"哦"等等。当我们表现得如此感兴趣的时候，男孩才会更愿意说出他的心声。

第9招 允许男孩指出妈妈的错误

如果男孩对我们说："妈妈，您做错了！"这时候，可能很多妈妈会反驳道："你胆子还真不小，还敢说妈妈做错了！"这句话的言外之意就是：我是你妈妈，你没有资格来批评我。很多妈妈之所以这样做，是为了以此来制止男孩的批评，进而维护自己在男孩心目中的形象。

事实上，这种做法不但不会维护我们在男孩心目中的形象，还会让男孩学到对待错误的不良方式——不承认错误。其实，当我们允许男孩指出自己的错误时，他会更加信任、尊重我们。

儒家启蒙经典《孝经·谏诤章第十五》中有这样一句话："父有争（同'诤'）子，则身不陷于不义。"意思是说，父母有一个可以指正自己错误的孩子，就不会使自己陷入不仁不义之中。因此，我们应该允许男孩指出自己的错误。

一次，妈妈带着7岁的小泽过马路，妈妈见到路上车辆不多，于是就拉住小泽的手准备过马路。这时，小泽使劲晃晃妈妈的手，说："妈妈，我们不可以闯红灯！"

妈妈说："没事，路上车不多，没有危险的，走吧！"

"妈妈，我小时候，您经常对我说'红灯停，绿灯行'，现在为什么还要闯红灯呢？"

妈妈想了想，平静地说："儿子，谢谢你，妈妈不应该闯红灯，妈妈以后不会这样做了。"

听了妈妈的话，小泽高兴地说："那我们一起遵守交通规则，拉钩！"说着，高兴地伸出小手指和妈妈拉钩约定。

试想一下，如果妈妈没有接受小泽的批评，而是硬拉着小泽闯红灯，后果是什么样呢？也许这一次不会发生交通事故，但是小泽会跟着妈妈学，以后也会闯红灯，也许就会发生意外。然而，当妈妈勇于承认错误、改正错误时，相信小泽也会效仿妈妈对待错误的正确态度。

其实，男孩给我们指出错误，一方面显示了他的勇气，另一方面也说明他拥有了判断是非、善恶的能力，这些特质都是男孩形成独立人格所必需的。因此，我们应该允许男孩指出自己的错误，更要勇于承认并改正。

不要在男孩面前掩饰自己的错误

俗话说："人无完人。"所以，我们不要有太大的压力，不必非要在男孩心中树立一个完美的形象。事实上，我们犯错误正是在给男孩呈现一个真实的世界，如果我们懂得恰当地利用自己的错误行为，反而会创造一个良好的教育机会。因此，我们不要在男孩面前掩饰自己的错误，要展现出真实的自己，要允许男孩指出自己的错误。

虚心接受男孩的批评

俗语说："福在受谏。"一个真正有雅量、度量去接受他人劝谏的人，是

真正有德行、有福气的人。所以,当男孩对自己的错误行为提出批评时,我们不要因为自己的面子而辩解,而是要虚心接受他的批评。

当男孩指出我们的错误时,我们可以这样说:"谢谢你,确实是妈妈做错了,妈妈以后会注意的。"虽然是简单的一句话,却赢得了男孩对自己最大的信任和敬佩。

如果男孩指出的"错误"是对我们的误会,我们也不要急着否定他的意见,而是应该认真听他说完,然后告诉他其中的道理。如果男孩还是不理解,我们也可以和他探讨:"你认为应该怎样去做呢?"在这样的讨论中,男孩会建立更清晰的是非观。

让男孩拥有正确的"劝谏"方法和态度

尽管我们有了接受男孩指正错误的雅量、度量,也一定要注意引导男孩,让他拥有正确的"劝谏"方法和态度。一旦男孩拥有了正确"劝谏"的方法和态度,不仅有利于我们和孩子之间建立和谐的亲子关系,而且还有利于男孩人际关系的发展。

儒家启蒙经典《弟子规》中有这样一句话:"亲有过,谏使更,怡吾色,柔吾声。"意思是说,当父母有过错的时候,孩子要耐心劝谏,令他们改正,劝谏的时候,态度要和颜悦色,语气要轻声细语。另外,我们也应该告诉男孩,"劝谏"要考虑时间和场合,要委婉地指出他人的错误,切忌生硬。

第10招 勇敢地向男孩承认错误并道歉

当我们错怪男孩的时候,当我们失信于男孩的时候,当我们伤害到男孩的时候,我们是否应该向他承认错误并道歉呢?很多妈妈可能会说:"向他承认错误,给他道歉,做妈妈的威严何在?以后还怎么管他啊?"

然而,在生活中,我们却经常教育男孩:做错了事就要勇于承认,知错就改才是好孩子。但是,当我们自己做错了事情时,不仅不向男孩承认错误,甚至还掩饰错误、自圆其说。那么,男孩会怎么想?以后又会怎么做呢?

我们要知道,身教的作用远远大于言教。因此,当我们有过失的时候,一定要勇于承认,并及时向男孩道歉。这样一来,男孩的心里就会产生这样的想法:妈妈犯了错误都勇于承认并道歉,那我还有什么错误不能承认呢?我还有什么理由不去道歉呢?

一天,妈妈接7岁的小宇放学。在校门口的一侧,小宇一下子被一盆花吸引住了,于是问妈妈:"妈妈,您知道这花叫什么名字吗?"

妈妈匆匆瞟了一眼,就告诉小宇:"妈妈不知道。"

小宇一动不动地站在那里,看着妈妈,说:"妈妈,您没有认真回答我的问题。"

妈妈被小宇的一句话点醒了,因为她刚才分明就是在敷衍小宇,小宇从她的表情、语气中,看出了她没有心思回答问题。

于是,妈妈真诚地对小宇说:"小宇,对不起,妈妈刚才没有认真回答你的问题,妈妈向你道歉。" 说完,妈妈仔细看了看那盆花,说:"妈妈不知道这是什么花,但我们可以问一下卖花的阿姨。"

然后,母子俩走近卖花的地方,和卖花的阿姨高兴地聊了起来。最后,妈妈买了这盆花,并和小宇一起来照顾它,小宇很高兴。

可见,当我们勇于向男孩承认错误并道歉时,不但不会失去威严,反而会赢得男孩的认可和赞美。美国心理学家罗达·邓尼曾经说:"父母错了,或违背自己许下的诺言时,如果能向孩子说一声对不起,可以帮助孩子建立自尊,同时能培养孩子尊重他人的习惯。"

因此,当我们做错了事情,或者是失信于男孩时,我们要勇敢地向他承认错误并道歉。那么,我们应该如何去做呢?

放下做妈妈的架子

作为妈妈,在教育男孩的过程中难免会犯错误,这时候,我们要放下做妈妈的架子,要勇于向男孩承认错误并道歉。正所谓:"人非圣贤,孰能无过?过而能改,善莫大焉。"然而,在生活中,很多妈妈不敢放下做妈妈的架子,

更不愿向男孩承认错误，害怕会失去做妈妈的面子和威严。

殊不知，当我们放下做妈妈的架子，对男孩说一句"对不起，妈妈做错了，希望你能原谅妈妈"，不仅可以让他懂得承认错误并不是一件可耻的事情，而且还可以得到他发自内心的尊重和敬佩。

选择合适的道歉形式

每个男孩都有自己的特点和个性，而且随着年龄的不同，道歉的形式也应该有所不同。对于年龄小一些的男孩，我们可以当面向他承认错误并道歉，只要让他看到我们明显的行为表示就可以了。

对于年龄大一些的男孩，我们除了可以当面向他承认错误并道歉外，还可以选择留个道歉便条、写封道歉信等道歉形式。另外，我们不仅要表明自己承认错误的态度，也要向他说明犯错误的原因，更要让他看到我们改正错误的过程。

总之，无论我们选择哪种道歉形式，都应该让男孩从我们承认错误并道歉的行为中得到学习和启发。

向男孩道歉要及时、诚恳

很多时候，我们虽然已经意识到了自己的过失，但是碍于面子和威严，没有及时向男孩道歉，或者只是轻描淡写地草草了事。这样一来，男孩会从我们的行为和态度中感受到，我们道歉不够及时、不够诚恳，反而不利于他形成正确的是非观、价值观。

因此，我们一旦意识到自己的过失，就应该及时主动地承认错误。而且，当我们向男孩道歉时，一定要保持诚恳的态度，坦诚地与他进行沟通。我们也可以摸摸他的头，拍拍他的肩膀，给他一个拥抱。这样，孩子会感受到我们道歉的诚意，我们也会更容易得到谅解。

第11招 力争做男孩心目中的偶像

崇拜偶像，是每个男孩的正常心理。男孩从小到大都会在心中树立一个个

偶像，也许是父母，也许是某位英雄人物，也许是某位成功人士。事实上，在每个男孩的心中，妈妈才是他的第一偶像。妈妈的品德、言行举止、为人处世的方法，都将直接或间接地影响着男孩。

在一个男孩眼中，妈妈无所不能，只要有妈妈在，就什么也不怕了。比如，遇到不懂的问题，妈妈总能耐心地一一回答；遇到困难的时候，妈妈总能第一时间出现在身边；生病的时候，妈妈会一直守候在身边；肚子饿的时候，妈妈总能端出可口的饭菜……妈妈所做的这一切，足以让一个刚刚开始认识世界的男孩崇拜。

但是，随着男孩年龄的增长和认知能力的提升，妈妈的偶像地位很有可能被他人代替。男孩可能会开始崇拜老师，崇拜成功人士，崇拜英雄人物甚至是一些歌星、影星。这就意味着，男孩开始想从他人身上吸取"养分"，以加速自己的成长。

同时，男孩也会效仿妈妈的一些不良行为。比如，妈妈把家里弄得乱七八糟，男孩就学不会整理房间；妈妈随手乱扔垃圾，男孩就学不会保护环境；妈妈乱闯红灯，男孩就学不会遵守交通规则，等等。

我们要想确保自己在男孩心中的偶像地位，要想用好的言行去影响他，就要先从自身做起，用好榜样赶走坏榜样。总之，我们要力争做男孩心中的偶像，在潜移默化中影响他的一言一行。

确保在男孩心中的偶像地位

某地一所研究中心组织了一项调查，调查的内容是关于"谁是你最尊重和崇拜的人"，调查的对象选择了中国、美国和日本各1000多名中小学生。调查的结果是：日本和美国的学生都把自己的父母列入最尊重和崇拜的人，有的还把父母排在了首位。但是，在中国，学生最尊重和崇拜的名单中，父母却极少被列入其中。

可见，我们与其他国家的妈妈一样无微不至地照顾着孩子的一切，为什么却得不到他们的尊重和崇拜呢？男孩可以把英雄、伟人、运动员甚至是一些明

星，当成自己的偶像，为什么就不包括朝夕相处的我们呢？

"妈妈根本就听不进我的想法，什么事情都要听她的安排。"

"我只要做错了事情，得到的总是妈妈的责备和批评。"

"妈妈总是让我学这个学那个，我却一点儿也不喜欢，可是我又不得不去做。"

……

从这些男孩的话语中，我们得出了结论，在教育男孩的道路上，我们采用了一些不合适的教育方法，硬生生地把他从自己身边推开。因此，我们要根据男孩不同的成长阶段和性格特点，采用不同的教育方法，以确保我们在他心中的偶像地位。

时刻规范自己的言行举止

我们应该明白深藏在偶像背后的含义：在男孩小时候，他会以各种方式模仿他最崇拜的偶像，那就是我们。我们的言行举止体现在生活的每一瞬间，他都看在眼里、记在心上，他会情不自禁地模仿他所看到的、所听到的一切。如果我们不好好扮演这个神圣而重要的偶像角色，又怎么能对得起男孩的信任和崇拜呢？

因此，我们要时刻规范自己的言行举止，用自己的良好言行潜移默化地影响他。我们教育男孩要做到的事情，我们自己首先要做到；我们教育男孩不能做的事情，我们自己首先不能做。

用偶像的力量感染男孩

我们力争做男孩心中的偶像，就是希望用偶像的力量感染男孩，用偶像的品质和精神激励男孩。如果男孩对我们有强烈的崇拜，就说明我们身上有吸引他的闪光点，我们就可以利用这个教育机会，影响和感染他。

一旦男孩把我们当成他的偶像，就会产生一股无形而强大的力量，牵引着他走向美好的未来。因此，我们要做男孩心中最有价值的偶像，做他的精神领袖，给男孩不断前进的力量和勇气。

第12招 尽量多抽出点时间陪伴男孩

一位80后妈妈在某网站论坛上发表了一篇帖子,引发了众多年轻父母的关注。这个80后妈妈在帖子中发出了这样的感慨:

我们作为新中国的"独一代",有着自己的人生理念:快乐、独立、个性和那么一点坚强,但自从有了"独二代"这个磨炼我们毅力的特殊群类,生活的一切都围绕着他们转了。但是我们自己的生活呢?周末电影院里肯定没有我们的身影,音乐会和演唱会也只能通过电视瞄两眼,同事、朋友聚会、夜场派对……因为"孩奴"的原因统统被取消了。我们作为身负艰巨任务的父母,现在已经到了该联合的时候了,为了我们自己的快乐和自由,在这里我提倡大家,我们一起"拼养"孩子吧!

如今,这种多个家庭在特定时间段里轮流承担抚养孩子责任的亲子行为——"拼养"孩子,正在社会上蔓延开来。虽然这种方式让年轻妈妈减轻了养育的负担,为男孩提供了一个和小朋友玩耍的机会,但是这样做减少了亲子交流的时间,不利于亲子关系的和睦发展,不利于男孩的身心健康发展。

其实,孩子不在乎我们给他买了多少玩具,也不在乎我们给他买了多少好吃的东西,只是希望我们可以陪伴在他身边。正如一首儿童歌曲《爱我你就抱抱我》中唱到的"爸爸妈妈,如果你们爱我就多多地陪陪我",这才是孩子发出的最真实的心声。因此,无论我们多忙,都要尽量多抽出时间陪伴孩子,给予他足够的精神关怀。

平常多陪伴男孩

英国教育家夏洛特·梅森曾经说:"很多父母总是终日奔忙,从来无暇顾及孩子。当他们终于有一天想好好关心孩子的时候,发现竟然无法与孩子进行沟通了,父母对孩子来说已经变得无足轻重。"

我们一定不希望与男孩之间的关系发展到这样的地步,那么我们平常就要尽量多抽出点时间陪伴他。比如,我们可以陪男孩一起在家看书或者看一些有

益于身心健康的电视节目；可以带男孩一起玩拼图、做木工活儿；可以带男孩外出打羽毛球、滑旱冰、爬山、游泳……有时候，我们也可以将自己孩童时的游戏与男孩一起分享，让他体会一下我们当时的快乐，这样他的心会和我们挨得更近。

另外，在陪伴男孩的过程中，我们要从他的角度出发，全身心地沉浸在他的世界里，不要只是单纯地做个旁观者或陪护者，而是要让他自然地将我们当成他的玩伴，与他一起享受童真，一起体会玩耍的快乐。

在陪伴中教育、引导男孩

在陪伴男孩的过程中，我们可以利用所接触到的各种事物，也可以利用发生在他身上的某件事情，有针对性地对他进行教育、引导，进行正确的诱导、启发。这样，不仅可以让男孩在轻松愉快的环境中学习到相关的知识，而且还可以教育他怎样做人，指导他如何做事。

比如，春天到了，我们带着男孩去郊外放风筝，在玩的过程中，我们就可以引导他去思考：为什么在春天最适合放风筝？放风筝与风向、风力有什么关系？如果男孩不明白其中的道理，我们可以给他讲解，也可以鼓励他自己去查资料。

邀请爸爸加入到陪伴男孩的行列中

在如今这个时代，爸爸担负着养家糊口的重任，通常会把大量的时间和精力放在工作或事业上，常常无法陪伴在男孩身边。结果，男孩与爸爸之间的关系就会逐渐疏远，爸爸身上独有的男子汉气概也很难传递给孩子。

一项研究成果表明：相对于由妈妈一手带大的孩子而言，在父母共同陪伴下长大的孩子智商更高，他们在学校里的成绩往往更好，将来走向社会也更容易成功。可见，在男孩的成长过程中，爸爸发挥着不可替代的作用。

因此，我们要邀请爸爸加入到陪伴男孩的行列中，共同担负起教育男孩的重任。当男孩感受到爸爸身上所散发出来的男子汉气概，就会沿着爸爸的脚

步，逐渐成长为一个顶天立地的男子汉。

第13招 敢于向男孩敞开自己的心扉

我们都希望走进男孩心里去，这不仅要求他向我们敞开心扉，还意味着我们也要向他敞开心扉。只有这样，我们与男孩之间才能互相表达自己的真实想法和感受，才能建立良好的亲子沟通关系。

但是，在现实生活中，很多妈妈却总把自己摆在一个高高在上的位置，不愿意向男孩表露自己的内心世界，却反过来要求孩子向我们坦露一切。这样的沟通是不公平的，往往会成为我们与男孩之间沟通的障碍。

事实上，当我们向男孩敞开自己的心扉，主动与他分享自己的想法和感受时，他才会把我们当成可以信赖的人，才能引起感情上的共鸣，从而促进亲子关系的发展。

维磊9岁了，是个调皮好动的男孩子。一天，邻居小明的妈妈找到维磊的妈妈，说维磊昨天去他们家玩儿，偷偷拿走了小明的一个小型变形金刚。

维磊放学回家后，妈妈没有直接过问这件事，而是先和他闲聊了几句。然后，妈妈说："我今天突然想起了小时候做过的一件错事。"

维磊立即来了精神，问："您做过什么错事呢？"

"有一次，班上一位同学拿了一个特别漂亮的小卡子，我就给偷偷拿回了家。但是，我又怕被人看到。"

维磊追问道："后来呢？"

"后来，你姥姥看出了我的心思，于是我就把事情的经过告诉了她，她只对我说了一句话：'知错能改就是好孩子。'听到这句话，我觉得自己非常惭愧，我发誓以后再也不偷拿别人的东西了。"说完，妈妈的眼睛湿润了。

听到这里，维磊低下了头，对妈妈说："妈妈，我昨天偷拿了小明的玩具，我给您丢脸了。"

妈妈也同样只说了一句话："知错能改就是好孩子。"

维磊抬起头,用坚定的眼神看着妈妈,说:"我以后再也不偷别人的东西了,我现在就把玩具还给小明,并请求他原谅。"

可见,当我们敢于向男孩透露自己的内心世界,就有可能取得良好的教育效果。维磊妈妈正是通过讲述自己小时候的犯错经历,让他明白了其中的道理,这样更容易让他接受,也更容易达到良好的教育效果。因此,我们要勇于向男孩敞开自己的心扉,与他平等地交流和沟通。

让男孩适时了解自己

如果我们问男孩:"你知道妈妈喜欢吃什么吗?"可能大部分男孩都回答不上来,但是妈妈却清清楚楚地知道孩子喜欢吃什么。之所以会这样,是因为我们把关注的焦点都放在了孩子身上,想要了解他多一些,却忘了也要让男孩适时地了解我们。

在平日里,我们应该多与男孩聊聊关于自己的话题,比如,自己喜欢吃的东西,喜欢穿的衣服,喜欢听的歌曲,最希望去哪里玩,等等。这样一来,男孩就会更深入地了解我们,也会慢慢学会适应我们的生活方式和习惯。而且,我们经常和男孩聊这些话题,我们在他心目中的形象就会更加真实、鲜活,就会拉近亲子之间的关系。

与男孩分享自己的心情

李威看到妈妈的脸色不太好,于是关切地问:"妈妈,您怎么了?"

"大人的事你别管,回屋写作业去!"妈妈一句话就把李威打发走了。

李威小声嘀咕着:"又是这样,还总希望我把心里话告诉你,自己却不说,真不公平,以后我也不说了。"

李威希望分享妈妈的心情,但是妈妈却将他的关心拒之门外,结果,他感受到了不公平,并表示不愿意向妈妈敞开自己的心扉。美国教育家斯特娜夫人认为,应该让孩子知道父母的烦恼,这无论是对父母还是对孩子,都是明智之举。

因此,我们应该与男孩分享自己的心情。但是,我们千万不要经常向男孩

唠叨自己的"痛苦史"，比如，十月怀胎的辛苦，生育的痛苦，养育的不容易，等等。如果我们动不动就对男孩讲这些事情，不但不能让孩子体会我们的辛劳，反而会给他们增加压力，让他觉得厌烦，进而不愿意与我们进行沟通。

第14招 站在男孩的角度考虑问题

美国教育家塞勒·赛维若说过这样一句话："每个人观察、认识问题，都会有自己的视角和立足点。身份、地位不同，所得出的结论就不同。父母与子女间的年龄悬殊、身份各异是影响相互沟通的重要原因。若父母能站在孩子的立场上思考，一切将迎刃而解。"

的确是这样，在教育男孩的问题上，当我们能够尝试着换个角度去思考，站在男孩的角度考虑问题，才能在与他的沟通中产生共鸣，才能真实地了解他的想法和需求，才能理解他的所作所为，才能使教育产生良好的效果。而且，这样的处理方式，还能快速拉近我们与男孩的心灵距离。

那么，我们应该如何去做呢？

与男孩沟通时，不要提前下结论

一天，10岁的浩然放学回到家，难过地对妈妈说："妈妈，这次数学考试，我考得不太好，只考了82分。"

"82分，怎么这么少呢？最近是怎么回事啊？是不是又贪玩了？以后不许再随便出去玩了，现在马上回屋学习去！"

看到妈妈这样的态度，浩然什么也没有说。其实，浩然还没来得及告诉妈妈，真实的情况是这次老师出的考卷普遍偏难，班上只有5名同学考了80分以上。

类似的场景也许经常发生在我们身边，当我们与男孩沟通的时候，我们经常是凭他的只言片语就提前下结论。结果，有时候，自己最初的结论与最后的事实是截然不同的，我们难免会冤枉了男孩，就像浩然的妈妈一样。

只有不以成人的眼光武断地下结论，才能减少我们与男孩之间的冲突，才能赢得他的信任和尊重。因此，当我们与男孩沟通的时候，一定要站在他的角

度考虑问题，一定要听他把话说完，不要凭借只言片语就妄下结论。

多考虑男孩的感受

一天，9岁的志伟放学回到家，把书包一丢，气呼呼地说："今天真是气死我了，李浩把我的玩具弄坏了。"

妈妈说："哦，他把你的玩具弄坏了，我想你一定很难过。"

"是啊，那个玩具是爸爸送给我的生日礼物。"

妈妈平静地说："妈妈能够理解你的心情，不过，你也不要太难过，我想李浩也不是故意的。玩具坏了可以再修理一下，或者是买个新的，但是如果因为这个原因而破坏了与同学之间的友谊，就不值得了。"

志伟想了一会儿，说："嗯，妈妈，我知道了。"

从心理学角度讲，当男孩受到了委屈，或者是情绪上产生了波动，他最需要得到妈妈的认同和理解。志伟妈妈的做法值得我们学习，面对志伟的问题，她首先考虑了志伟的感受，然后在认同和理解志伟感受的基础上，给予了引导。这样一来，志伟才能听进她的话，才能达到良好的教育效果。

如果我们从不考虑男孩的感受，不仅得不到他的信任和尊重，而且还容易引起他的反感。因此，我们要想站在男孩的角度考虑问题，首先要考虑他的感受，认同并理解他的感受，然后再给予引导和帮助。

抛弃成人的主观偏见

男孩有自己的世界，男孩有自己的想法，男孩有自己的思维方式，男孩的一切都是那么简单而纯洁。但是，我们作为成年人，已经不再简单纯洁，充满了很多世俗的观念，会将很多简单的事情复杂化。如果我们硬要用成人的眼光和观念去对待男孩，势必会影响亲子关系的和谐发展。

因此，我们要抛弃成人的主观偏见，把自己的心态摆在与孩子一样的水平线上，试着用"孩子"的眼光和观念来了解他。这样才能真实地领会到他的内心世界，才能理解他的很多想法和行为。

第15招 善于向男孩学习一些新知识

今天的孩子成长在科学技术飞速发展的信息时代,他们不仅乐于接受新鲜事物,而且获取这些知识的能力远远超过我们。比如,面对一些高科技产品——数码相机、智能手机、电脑等,我们可能一开始不知道从何下手,而男孩们却可以很快掌握这些产品的使用方法。可见,在某些方面,男孩的确比我们懂得多、学得快,足以成为我们的老师。

美国著名哲学家米德认为:当代青少年有着很强的"文化反哺"能力,他们能够把对不断变动中的社会生活的理解和不断涌现出的新知识传递给自己的长辈。因此,我们一定要善于向男孩学习一些新知识。

博远12岁了,生活在一个民主的家庭。妈妈开了一个卖茶叶的小店,最近经常有外国顾客来光顾她的生意,由于语言障碍,她无法与外国顾客交流,生意做得不太顺利。

一天,妈妈回到家,看到博远正在听英语磁带,于是走过去,真诚地说:"妈妈也想学英语,但不知道如何去学,你可以教教妈妈吗?"

博远一听,高兴地说:"当然可以了。"

自此以后,妈妈每天跟着博远学习英语,一边听磁带,一边朗读单词、语句。博远为了更好地教给妈妈英语,平日里非常用功学习,不仅提高了学习英语的兴趣,而且也提高了英语水平。在博远的帮助下,妈妈也可以用英语接待外国顾客了。更令人欣慰的是,母子俩的关系更加亲密、和谐了。

妈妈善于向博远学习英语,不仅使彼此的英语水平得到了不同程度的提高,而且使亲子关系更加和谐。因此,我们要学会尊重、欣赏男孩,要善于向他学习一些新知识。只有这样,我们才能走进男孩的内心世界,才能读懂男孩这本"书",才能更好地教育、引导他,并与他一起成长。

关注并欣赏男孩的闪光点

子曰:"三人行,必有我师焉。"其实,男孩就是我们的一位老师。我们

要想向男孩学习新知识，一个非常重要的条件就是要学会关注并欣赏他的闪光点。这样不仅可以激励男孩进步，而且还能为我们向他学习创造机会。

首先，我们要相信男孩身上有值得我们学习的地方。然后，我们要抱着这种心态，在与男孩相处的过程中，逐步发现他身上的闪光点，并学着欣赏他的闪光点。最后，我们要真诚地向男孩学习。

向男孩学习要有具体内容

著名教育家孙云晓说："由我们这一代人自己喊出'向孩子学习'的口号，不是作秀，而恰恰是我们不甘心落伍的心灵写照。"的确是这样，在信息快速发展的今天，我们需要向男孩学习很多新知识。

但是，我们千万不要只喊口号，只对男孩说"我要向你学习"，而是要真正付诸行动，要明确向他学习什么。比如，男孩的计算机水平不错，我们就要向他学习，随时请教他这方面的知识；男孩会操作数码相机，而我们用得不熟练，那我们就要向他请教相机的具体使用方法。

请教男孩一定要虚心

"儿子快过来，告诉我这个是怎么回事？"妈妈命令道。

儿子来到妈妈身边，嘟囔着说："平时就喜欢命令我做这做那，想请教我问题了，还是这样！"

这种请教的方式只会让男孩觉得妈妈太强势，虽然他表面上告诉了妈妈应该怎么做，但心里却不是心甘情愿的。所以，我们要放下做妈妈的架子，抛开自己的面子，虚心向男孩请教，真诚地把他当成自己的老师。

比如，我们可以这样说："儿子，妈妈不知道应该怎么做了，你现在可以过来帮帮妈妈吗？"在我们的话语中，男孩能够听出我们对他的尊重和信任，也能够看出我们认真学习的态度。这样一来，我们能从男孩那里吸取知识，男孩也能从我们的虚心请教中形成内在的激励机制，增加自我成长的动力。

第16招 做一个有幽默感的妈妈

我们与男孩沟通的方式有很多种,总结起来不外乎这三种:心平气和、声色俱厉和风趣幽默。男孩可以拒绝平和,可以去拒绝批评,但绝不会拒绝幽默。可以说,风趣幽默是我们与男孩沟通最有效的方式。

在家庭中,如果我们懂得从男孩的角度考虑问题,用形象、生动的语言阐述人生的道理,就会令他更容易接受和理解,也会感受到其中的快乐。当男孩犯下错误时,我们可以用幽默的方式让他改正错误;当男孩沮丧时,我们可以用幽默的方式让他破涕为笑;当男孩出现自卑的情绪时,我们可以用幽默的方式让他树立自信。

如果我们时常用幽默的方式与男孩沟通,就有助于把他培养成一个幽默的人。这样不仅可以让他在面对生活中的不愉快时保持乐观的心态,而且可以让他把快乐带给自己和身边的人。可以说,具有幽默感的男孩会拥有更快乐、更积极的人生。

因此,我们要做一个有幽默感的妈妈,以幽默的方式与男孩沟通。那么,我们应该如何做一个有幽默感的妈妈呢?

学会用幽默去激励男孩

其实,每个男孩从内心深处都渴望得到妈妈的激励和赏识。但是,如果我们总用几句熟悉的话语去激励男孩,他就会形成"听觉疲劳",就会因为听腻了而不再感受到被激励。因此,我们的激励方式要有新意。

比如,男孩玩完玩具就把它们收起来了,我们就可以对他说"玩具被送回家,就可以好好睡一觉了,睡醒觉后再跟你玩";男孩把房间收拾得干干净净,我们就可以对他说"是灰太狼帮你收拾的吗?灰太狼的本领真大,把这里收拾得干干净净的",等等。这样一来,不仅可以让男孩获得一份劳动后的快乐,而且也可以激励他下次做得更好。

用幽默去应对男孩的问题

一天，妈妈在给上一年级的儿子检查作业，发现他有3道数学计算题只做了2道。然后，妈妈问道："你的数学作业留了几道题？"

儿子立即答道："3道题。"

"那你怎么只做了2道题呢？"

"第一道做了，第二道也做了，第一加第二不就等于第三吗？"

妈妈明白，儿子是故意不想做数学题，于是什么也没有说。过了一会儿，妈妈买来两块雪糕，对儿子说："爸爸吃一根，妈妈吃一根，你就吃第三根吧！"

儿子眨了眨眼，不解地问："就两根，哪来的第三根啊？"

妈妈说："第一根加上第二根不就等于第三根吗？"

听到妈妈这样说，儿子"扑哧"一声笑了。然后，儿子马上回到书房，去做那道剩下的数学题了。

妈妈正是运用了幽默的沟通方式，触动了儿子活泼的天性，不仅让他主动自发地做完了数学作业，而且也避免了母子之间不愉快的发生。在教育男孩的过程中，我们完全可以用幽默的方式代替生硬的命令、批评，用幽默的口吻或行动让男孩明白自己的错误，从而达到教育的目的和效果。

幽默也要把握尺度

真正的幽默是我们自然而然流露出来的，是为了让男孩在笑声中感受到我们对他的尊重和宽容。如果我们自己都不知道如何把握幽默的尺度，就会弄巧成拙，可能会让男孩感受到自己被嘲笑、讽刺了，尤其是对于一些比较敏感的男孩。

9岁的晓龙浑身脏兮兮地从外面跑回家，妈妈想用幽默的方式让他知道自己身上太脏，于是对他说："你可真是干净啊！身上一点儿尘土都没有。"话音刚落，晓龙就气呼呼地走进了自己的房间。

这位妈妈的语言根本不算是幽默,在晓龙看来,这就是对他的冷嘲热讽。所以,我们要把握幽默的尺度,千万不要让自己幽默的话语变成嘲笑、讽刺男孩的"剑"。如果我们真的不知道如何把握幽默的尺度,最好不要轻易使用幽默。

第17招 善于用肢体语言与男孩沟通

谈到与男孩沟通的话题,我们的脑海中马上就会浮现出这样的场景:妈妈说,男孩听。我们一直都认为,与男孩的沟通方式就是语言。其实不然,即使我们不说话,也可以通过肢体语言向男孩传递我们内心的真实想法。

美国语言学家艾伯特·梅瑞宾通过研究发现:人与人之间的沟通,高达93%的沟通是通过非语言沟通进行的,只有7%是通过语言沟通的。而在非语言沟通中,有55%是通过面部表情、形体姿态和手势等肢体语言进行的,只有38%是通过音调的高低进行的。

根据艾伯特·梅瑞宾研究结果,我们就可以得出这样的沟通公式:沟通的总效果=7%的语言+38%的音调+55%的肢体语言。可见,在人与人之间的沟通中,肢体语言具有极为重要的作用。

因此,我们应该掌握男孩的心理,学会运用肢体语言的沟通方式与男孩进行沟通。在生活中,我们可以采用以下几种肢体语言:

经常给男孩灿烂的微笑

法国文学家雨果曾经说:"笑,就是阳光,它能消除人们脸上的冬色。"的确是这样,当我们给男孩一个灿烂的微笑,他既能从中体会到一份浓浓的爱意,又能感受到一种来自妈妈的认可与鼓励。

平日里,我们要经常给男孩灿烂的微笑。在与男孩交流的过程中,我们以微笑待之,他会更愿意把心中的想法表达出来;当男孩正在做某件事情时,我们以微笑待之,他会更加努力做好;当男孩伤心难过时,我们以微笑待之,他会慢慢恢复平静;当男孩犯错误时,我们以微笑待之,他会因惭愧而努力改正

错误。

给男孩温暖的拥抱

一份调查报告指出：70%的孩子喜欢父母的拥抱，大约30%的孩子认为人的一生需要父母的拥抱。同时，心理学研究表明：人都有一定程度的"皮肤饥饿感"，在父母与孩子的接触中，拥抱最能使孩子产生强烈的安全感和幸福感。

当男孩做对某件事情时，我们要给他一个赞扬的拥抱；当男孩沮丧时，我们要给他一个安慰的拥抱；当男孩产生自卑情绪时，我们要给他一个鼓励的拥抱；等等。拥抱可以拉近我们与男孩之间的距离，可以代替表扬、鼓励、安慰、理解等等。

用眼神与男孩交流

著名作家周国平曾经写过一篇文章——《父母们的眼神》，里面有这样一段话："我不忍心看中国父母的眼神，那里面饱含着关切和担忧，但缺少信任和智慧，是一种既复杂又空洞的眼神。这样的眼神仿佛恨不能长出两把铁钳，把孩子牢牢套住。我不禁想，中国的孩子要成长为独立的人格，必须克服多大的阻力啊。"

这段话值得我们去认真思考，我们不应该给男孩的成长带来阻力，而是应该给他带来动力。所以，我们要传递给男孩既饱含着关切又充满着智慧的眼神。当男孩受委屈时，我们要用关切的眼神温暖他；当男孩胆怯时，我们要用充满力量的眼神激励他；当男孩无理取闹时，我们要用严肃的眼神约束他；等等。孩子能够读懂我们通过眼神传递的这一切，进而会按照我们的教诲去做。

拍拍男孩的肩膀

有时候，一个简单的拍肩动作比其他的沟通方式更加有效。当男孩遇到挫折、失败时，我们可以拍拍他的肩膀，他会从我们的激励中振作起来；当男孩取得好成绩时，我们可以拍拍他的肩膀，他会因为得到认同而更加努力学习。对于

男孩而言，如果我们能够经常拍拍他的肩膀，可以带给他一种无限的力量。

用双手拉近与男孩的距离

通过拉手这个动作，我们可以把尊重、鼓励、期望传达给男孩，而男孩也会在无声无息中感受到我们的认可、支持和肯定。

当男孩哭闹时，我们可以拉起他的手，传递给他关爱和温暖；当男孩执拗时，我们可以拉起他的手，感化他的内心；当男孩尝试做某件事时，我们可以拉起他的手，给他力量和信心。无论在什么时候，我们都要主动拉起男孩的手，缩小与他心灵上的距离。

第18招 掌握一点批评男孩的艺术

"肖磊，你真是给我丢脸啊，你是不是不犯点错误就难受啊？"

"陈默，你看你考的这点分，我就不明白了，你和其他同学一起上学，听同一个老师讲课，考同样的内容，为什么你的成绩就这么差呢？"

"王小蒙，看看你的房间，跟个猪窝一样，你要是再不收拾，我就把你这些玩具全部清理出去！"

……

当男孩做错某件事情的时候，说教、挖苦、警告是很多妈妈最常用的批评方式。我们的出发点是好的：希望男孩可以快速改正错误，进而获得进步。但是，这种批评方式真的能收到好的效果吗？

前苏联教育家马卡连柯曾经说："批评不仅仅是一种手段，更应是一种艺术，一种智慧。"男孩有了过失，我们应该给予教育和引导，也可以给予适当的批评，但是批评并不是对他说教、挖苦、警告，而应该掌握一点艺术，应该让他更容易从心底里接受。

不要在别人面前批评男孩

有的妈妈认为，只有随时随地批评男孩，才能表现出自己的原则和态度；

有的妈妈认为,只有在别人面前批评男孩,才能让他长记性。事实上,这些想法和做法不但不能纠正男孩的过失,反而会妨碍他的成长。

一天,家里来了客人,妈妈让8岁的佳明给客人拿糖果。一不小心,他把糖果撒了一地。妈妈非常生气,当着客人的面就批评佳明:"你都多大了,怎么连个糖果都拿不好呢?"

这时,佳明低下了头,客人忍不住说:"孩子还小,没关系。"

妈妈却说:"真是没见过这么笨的孩子!"

听到妈妈这样说,佳明更觉得无地自容了。从此以后,只要妈妈让佳明做事情,他都会非常紧张,害怕因为出错而遭到妈妈的训斥。

如果当时佳明妈妈这样说:"没关系,我们一起捡起来,以后做事情要当心一些",然后拍拍他的肩膀,就不会出现后面的结果了。

美国教育家斯特娜夫人曾经说:"在他人面前揭露孩子短处的父母,不配做父母。"也许这句话说得有些严重,但是我们应该明白其中蕴含的道理。因为,当我们在他人面前批评男孩时,会使他无地自容,会摧毁他的自尊心,会伤害到他幼小的心灵。

所以,在批评男孩的时候,我们要找准时机,要注意场合,要讲究分寸。我们千万不要当着别人的面批评男孩,可以用手势、眼神等非语言形式给他暗示,也可以把他带到没人的地方,然后再对他进行教育、引导。

批评男孩要简明扼要

在批评男孩的时候,很多妈妈经常采用长篇大论的说教方式,结果男孩会因此而变得焦躁不安,从而听不进我们的话语,无法起到教育的效果。因为,我们对男孩进行长篇大论的说教,是一种消极的方式,只会更加强调他的过失。因此,在批评男孩时,我们要简明扼要、适可而止,只要他领会了妈妈的意思就可以了。

比如,男孩经常因为磨蹭而迟到,我们不要这样说:"又这么磨磨蹭蹭,这会浪费很多时间,你上学就会迟到,我上班也会迟到⋯⋯"我们可以这样

说："动作只要再快一点儿，就不会迟到了。"虽然我们只说了一句话，但是对男孩却会产生一种震慑力。这样更容易让男孩接受，进而让他改正不好的行为。

学会利用一些批评的技巧

我们要想让男孩乐于接受批评，就要学会利用一些批评的技巧。比如，我们可以利用"反弹琵琶效应"。也就是说，当男孩犯错误时，我们先不要急着批评或惩罚他，而是要充分肯定或表扬他的长处，使他自己去反省，进而认识并改正自己的错误。

另外，还有一种批评的技巧——"三明治效应"。意思是说，当男孩犯错误时，我们可以把批评的内容夹在两个表扬之中，第一层是对他认同、肯定的积极语言，中间一层夹杂着对他的批评，第三层是对他鼓励、信任的积极语言。

这两种批评的技巧，可以起到消除男孩防卫心理的作用，容易让他在短时间内接受我们的批评和建议，更容易让他认识并改正自己的错误。

第三章
好妈妈不吼不叫，探秘男孩一生的成长

男孩有他独特的生理特点和发育特点，我们只有了解了关于Y染色体、睾丸素、男性大脑结构等相关知识，才不会对男孩的英雄情结、精力旺盛、喜欢打斗、喜欢探索等问题感到不解，也才更不会因此而朝男孩吼叫。现在，我们就一起来探秘男孩一生的成长吧！

第19招 了解男孩独有的Y染色体的秘密

染色体是遗传物质的载体，存在于分裂间期细胞的细胞核内。人体的每个细胞内都有23对，也就是46条染色体，包括22对常染色体和1对性染色体。男孩与女孩的常染色体都是一样的，但是性染色体却不同，正是性染色体决定了孩子的性别。

性染色体分为X染色体和Y染色体，男孩的性染色体组成是XY，而女孩的则是XX。也就是说，Y染色体决定了孩子的性别为男性，而Y染色体是男孩独有的染色体，它不仅仅代表着孩子的性别，还揭示出男孩独有的秘密。

根据研究表明，Y染色体上的基因只能由亲代中的雄性传递给子代中的雄性，也就是由父亲传递给儿子，并且传男不传女。因此，在一个家族里，所有男性的Y染色体都是一样的。由此看来，Y染色体不但是延续家族命脉的代表，更如同一个族谱，可以分辨不同的族群。

而Y染色体的这个特点，对我们做妈妈的，有什么启示呢？这个启示应该

是，我们在教育这个带有Y染体色的男孩时，一定要考虑到，这个男孩绝对不是我们个人的儿子，而是一个家族的希望。那么，我们就要通过良好的教育，让男孩用他的Y染色把他所具备的优良的品质特性代代相传。

通过"生长基因"鼓励男孩自强不息

根据英国一项统计数据显示，男人的平均身高在174.4厘米，而女人的平均身高则是162.2厘米。也就是说，男人的平均身高要比女人高12厘米左右，而生物学家通过研究发现：Y染色体上包含着增加身高的"生长基因"。

我们通常用"顶天立地"来形容男性，这是不是与Y染色体上的"生长基因"有一定关联呢？我们更愿意理解为，因为男孩注定比女孩高大，所以要承载起更多的家庭责任和社会责任。

帮男孩提高抗病能力

科学研究发现，到目前为止，能够保证免疫系统正常发挥作用的基因全部是X染色体，由于男孩比女孩少一条X染色体，相比之下，男孩的免疫能力就弱一些，患传染病的几率就高一些。

那么，我们在生活中就要帮男孩提高抗病能力，平时让他多喝水，多吃水果蔬菜，多参加体育锻炼，保证充足的睡眠……这一系列措施，都可以弥补男孩少一条X染色体的不足。

理解男孩的脆弱

我们在生活中不难发现，无论是男孩还是男人总有特别脆弱的一面。大量科学研究表明，Y染色体在长达约3亿年的进化中一直在变小，所含基因也在减少，所以被认为是非常脆弱的染色体。那么，男孩比较容易受到伤害，看上去也有不同程度的恋母情结。因此，男孩特别需要得到母亲的照顾和关怀。

所以，我们除了让男孩吃饱穿暖之外，一定要重视他的精神需要，多与他保持良好的沟通，多关心他、理解他，让脆弱的Y染色体感受到爱和温暖而不再

脆弱。

对孩子进行性别教育

Y染色体既然决定了孩子的性别,那么,我们就要通过教育让男孩对自己的性别有所认识。其实,男孩在18个月大的时候就知道了自己的性别,他能通过观察周围人的发型、外观、长相等特点分辨他人的性别。而我们要做的是,不要把男孩当女孩养。比如,不要给他穿裙子、扎辫子、涂口红,在穿戴打扮上一定要像个男孩。另外,我们要让他玩坦克、手枪等带有男性化的玩具,而不是布娃娃或者毛毛熊等东西。

在教育方式上,我们不要过度保护男孩,而是在相对安全的情况下,鼓励他去探索、去冒险。这样,男孩在成长过程中,就自然会让Y染色体发挥作用。

第20招 睾丸素影响男孩整个生命历程

睾丸素又称睾酮,是一种由男性的睾丸或女性的卵巢以及肾上腺分泌的荷尔蒙,也被俗称为"雄性激素"。它具有维持骨质密度、维持肌肉强度、提神醒脑、提升体能等作用。它虽然不是男性独有的激素,但却是男孩表现出雄性特征的重要激素。

一位生物学家曾做过这样一个试验:

他给一只瘦弱、胆小的猴子注射了一小滴睾丸素,想看看这只猴子的反应。没想到,这只弱小的猴子竟然跑去向猴王挑战,要与之决斗以争夺王位。这种情景在猴群中是不可能出现的,因为只有那些身体强健的猴子才有可能战胜老猴王,成为新猴王。

但是,这只被注射了睾丸素的小猴子,面对健壮魁梧的猴王竟然毫不畏惧,更让人出乎意料的是,它居然在决斗中取得了胜利,并顺利当上了新猴王。

不过,一段时间之后,小猴子体内的睾丸素慢慢失去了作用,它又变回了那个瘦弱、胆小的猴子,也很快被赶下了王位。

通过这个试验,生物学家得出了一个结论:睾丸素有着令人难以置信的力量。

的确，正是因为睾丸素在发挥作用，所以男孩总是活泼好动、喜好竞争、敢于冒险，而且，睾丸素会促使男孩渴望成为最强壮、最勇敢、最坚强的男子汉。所以，睾丸素对男孩的生长发育起着至关重要的作用。

了解睾丸素在男孩体内的变化

当男孩在妈妈肚子里时，他体内的睾丸素就开始形成了，于是男性特征也开始显现；男孩出生后，他体内的睾丸素几乎相当于一个12岁男孩体内的睾丸素含量，睾丸素开始促进男孩的身体发育；男孩出生数月后，睾丸素含量又会下降到出生时的1/15。在男孩蹒跚学步的整个阶段内，睾丸素含量都会比较低。因此，学习走路的男孩在行为上与女孩表现得很相似。

男孩4岁时，他体内的睾丸素会激增至之前的两倍；5岁时，男孩受睾丸素的影响，会对打斗行为、冒险行为产生浓厚的兴趣；在男孩11～13岁这个阶段，睾丸素含量再次急剧上升，达到蹒跚学步时的8倍，此时，男孩的身高会猛增，并长出胡须和喉结，声音会变粗，男性特征越来越明显；13岁左右，男孩的睾丸素含量会达到最高值，直到40多岁睾丸素含量才开始下降。

由此可以看出，睾丸素影响着男孩的整个生命历程。

了解睾丸素给男孩带来的"问题"

睾丸素不仅可以帮助男孩的身体发育，同时也会让他出现各种各样的"问题"。比如精力过剩，表现为不断跑跳、登高、追逐、打闹；又如喜好冒险，男孩总是对不了解的事物充满好奇，并试图探索；再如颇具破坏性，他会把手中的东西拆了又装，装了又拆；而且具有攻击性，他常常拿着手枪、利剑等玩具"攻击"别人；还有好胜心理，他想要与别人"争权夺势"，总是希望自己能成为主宰……

男孩的这一系列表现全部都是睾丸素在"作怪"，我们找到了根源之后，就会理解他的行为，不会随随便便地冲他吼叫。当我们能够用合理的方式去引导他时，他的睾丸素就能在他的行动中发挥正面、积极的作用。

深入了解"睾丸素"

曾有科学家在8天之内,对英国金融城"伦敦城"的17位商人进行睾丸激素和皮质醇的检测。结果发现,如果早晨商人体内含有较多的睾丸素,那么他白天就会赚得较多的利润。有一位商人连续6天都获得了高盈利,经检测发现,他体内的睾丸激素水平比其他人高出很多。

由此可见,睾丸素在导致男孩调皮、不好管教的同时,也为他发挥潜能、不断努力起到了促进作用。另外,男孩体内的睾丸素是否充足,直接影响他成年后是否拥有强健的肌肉和坚实的骨骼,思维是否敏捷,精力是否充沛,等等。那么,进一步了解睾丸素,就是深层次地了解男孩的生命历程,唯有了解,才能理解。在这个基础上,我们才能智慧地引导他,帮他发挥出男子汉气概。

第21招 男孩在脑发育中有优势,也有劣势

人类的大脑可以区分为三个部分:脑核、大脑边缘系统、大脑皮层。脑核部分掌管我们的睡眠、呼吸、心跳、运动、平衡等基本功能;大脑边缘系统负责行动、情绪、记忆处理等功能;大脑皮层则负责较高级的认知和情绪功能,它又分为四叶:额叶、顶叶、枕叶、颞叶,这四叶在生理学上又被分为左、右两个半球,左半球负责语言和推理,右半球负责运动、感情以及对时空的定位,两半球之间依靠神经纤维束联结。

男孩大脑发育的优劣势,是相对于女孩大脑发育而言的。科学研究表明:不管是男孩还是女孩,基本上都是先发育大脑的右半球,然后才是左半球。但是,当婴儿还在母体中时,男女胎儿在大脑结构上的差异已经非常明显了。这种差异表现在两个主要方面:一是男孩大脑的发育速度明显慢于女孩;二是男孩左右脑之间的联系少于女孩。

处于这个两个方面的原因,加上大脑发育的方向是由右向左,所以男孩的大脑左半球明显不如女孩发达,而且大脑中联结两个半球的纤维束体积也明显

小于女孩。由于大脑左半球和纤维束直接影响着语言功能，所以，男孩在语言表达方面明显不占优势。

当男孩的大脑右半球不断发育完善后，试图与左半球建立联系，但左半球发育缓慢，无法"接应"右半球上的神经细胞，所以这些细胞只能返回到右半球上。如此一来，男孩的大脑神经细胞都集中力量发育右半球了，所以，男孩的大脑右半球比女孩发达，所表现出的空间感、逻辑推理能力远远超过女孩。

另外，大脑中还有一个组织叫"海马体"，它位于每一脑侧室的下沿，形状酷似海马。它的最大功能就是储存记忆。经研究发现，男孩的海马体比女孩的要小，而且女孩海马体中的神经元数量和传输速度都超过男孩。因此，男孩在思考和记忆方面就没有女孩细致、周到，也容易犯丢三落四的错误。但是，这也说明男孩在思考问题时，总是考虑得比较宏观，注重大的框架和逻辑推理，而不是只关注细枝末节。

近几年，科学家又发现，女孩的大脑中负责表达和处理"复杂情感"的区域较发达，比如忧伤和幻想，而男孩的大脑负责表达和处理"直接情感"的区域较发达，比如愤怒和恐惧。所以，男孩没有女孩那么多愁善感，但是却容易被激怒，又受限于语言能力不强，所以，男孩总是在用肢体对抗来解决问题。

由此看来，男孩在脑发育中的明显优势是空间感和逻辑推理能力强，比如，有方向感，思维有条理，比较善于学习理科，等等；而明显的劣势就是语言表达能力不强，记忆的深度和细致度不够，容易用较直接和极端的方式表达情感。

那么，针对男孩的劣势，我们就要采取一些补救措施。比如，常常和男孩对话，即使在他不会讲话的时候都要经常与他说话，而且要经常给他读故事，或者针对故事进行讨论，等等。总之，我们要帮男孩从小加强语言训练。

如果我们是不善言谈的妈妈，可以用和男孩一起读书的方式帮他积累词汇量，增强他的语感，逐渐建立强大的语言功能。当男孩的语言表达能力提升了，他遇到困难时，就自然会用沟通的方式解决，而不是用肢体对抗的方式处理。

另外，大多数男孩都有丢三落四的毛病，我们既然知道这跟他的大脑发育有关系，就要耐心地、循序渐进地帮他养成"物有定位"的好习惯。在养成这个习惯的过程中，应该以提醒为主，而是不是大吼大叫地指责他。

男孩可能会在同一个问题上犯几次错误，但我们都应该理解，因为我们了解了他大脑发育的状况，就应该用不吼不叫的方式帮男孩建立良好的行为习惯。

第22招 英雄情结是伴随男孩一生的特征

上小学四年级的李浩是一个好打抱不平、性格直率的男孩。班里有一个名叫张健的男孩，因为性情顽劣，极不受其他同学欢迎。

一天，李浩看到张健借了同学的东西不还时，就上前评理。没想到，张健不但不承认，还嫌李浩多管闲事。这下惹怒了李浩，他便和张健动起手来。其他同学都围成一个圈，大喊着："李浩，加油！"场面就像在进行摔跤比赛。

在同学们的呐喊声中，"比赛"以张健哭着停手结束。同学们都说："李浩，你终于为我们出了一口恶气！"李浩自己也觉得成了班级的英雄。

很多男孩都会有与李浩类似的经历，因为男孩独有的Y染色体和大量分泌的睾丸素激发着他的英雄情节，加上男孩受到佐罗、奥特曼、蜘蛛侠等人物形象的影响，就更加希望自己能够成为群体中的英雄。

对于男孩的英雄情节，我们应该给予充分理解，因为这是男性区别于女性的重要心理特征之一。男孩从小就喜欢玩坦克、手枪等玩具，也喜欢看带有英雄情节的故事或影片，并立志成为"警察叔叔"……这些现象说明，男孩天生爱当英雄。

男孩爱当英雄、想当英雄没有错，重点在于我们要帮助他建立正确的"英雄观"。当他打抱不平的时候，我们会担心他受伤，但不能因此就大吼大叫地制止他，而是应该进行合理的引导。只要我们引导得当，英雄情结不仅能够促进他男性气质的培养，也能使他成长为真正的男子汉。

告诉男孩：英雄是正义的化身

很多男孩会认为"动用武力取胜"是当英雄的必要条件，其实不然。我们要让男孩知道，英雄绝对不是"打架能手"，而是伸张正义的使者。

一天，王亮的好朋友被隔壁班的同学打了，王亮得知后，为了给好朋友报仇就动用了武力。取胜后，王亮觉得自己是能为朋友两肋插刀的英雄。

打着友情的旗号去打架，往往是男孩体现英雄情结常用的方式。男孩会认为，朋友之间讲究"义气"、"出手相救"是太正常的行为，这不但能维护朋友情意，还能满足自己渴望当英雄的心理。

对此，我们一定要告诉孩子，只有和"正"在一起的，才能叫"义"，只有伸张正义的行为才能称得上是英雄行为。比如：警察为保护人民的利益与歹徒搏斗，看到有人落水而奋不顾身地下水营救，在人群中抓住小偷，等等。但是，为报仇而打架本身就不是正确的事情，即使打赢了也谈不上"义气"，更不能被称为英雄。当男孩把"正义"牢记在心时，就不会莽撞地以英雄情结的名义做出错事和傻事。

让男孩估量自己是否有能力当英雄

2011年4月26日，安徽六安市一所小学六年级的几名男孩去河边玩耍。一名男孩在洗脸时不慎落水，另外四名男孩在手拉手营救这位同学时，不幸这五人均被急流冲走，全部溺水身亡。

我们不能说是英雄情结促使孩子们去救同学，但至少是同学间的道义和情意促使他们这样去做。然而，正是因为孩子们没有找到最佳的营救方式，使营救变成了一场悲剧。换句话说，勇气可嘉，智慧不足。

当英雄是需要具备能力的。一个可以与歹徒搏斗的英雄应该有强健的体魄，并掌握了一定的搏击术；一个可以下水营救溺水者的英雄应该具备良好的水性；而蜘蛛侠也只能借用特殊能力来帮助大众，奥特曼的能力更是非凡。

所以，我们要让男孩知道，在准备伸张正义之前，先问问自己有没有能

力。如果没有能力，仅凭一腔热血去帮助他人，自己往往会受到严重损伤甚至会失去生命，这是不明智的选择。那么，我们应该让男孩在遇到紧急事件时及时拨打110，或向周围的成年人求救，绝不要做"无能英雄"。

另外，我们平时就要多给男孩讲一些安全常识和紧急避难法，必要时还要进行一些演习，让他有能力运用相关知识去保护自己、救助他人，成为一个有判断力、有智慧的真英雄。

第23招 男孩都是精力旺盛的"淘气包"

精力旺盛似乎是大多数男孩的特点，男孩从会走路起就不断展现着过人的能量。他一刻不停地到处攀爬、跑跳、追逐、打闹，即使上课时也有做不完的小动作，好像总有使不完的力气，这一点让我们做妈妈的感到身心疲惫。

男孩的精力为什么会如此旺盛呢？我们暂不说男孩多比女孩好动，就孩子与成年人相比，孩子的精力似乎都比成年人旺盛。从中医学角度讲，小儿是纯阳体质，生性好动，如一句古语说："憨嘻跳跃是其本性，拘坐则伤脊骨，尤损天柱。"孩子阳气足，才会展现出生机勃勃之样，如果要把孩子拘束住，强迫他乖乖坐着，就是损天性，而且会伤到脊骨。这就是为什么孩子比大人好动的原因。

而男孩更好动是因为他体内能分泌出大量的睾丸素，睾丸素致使男孩一刻也闲不住，只能通过不停活动来消耗能量。所以，孩子特有的体质和男孩本身的身体特点导致了男孩必然是一个精力旺盛的"淘气包"。

我们理解了男孩精力旺盛的原因，就不要在他"释放能量"的时候大声斥责他，或者强力制止他，而是想办法让他把过剩的精力用到该用的地方。

不要强制男孩安静

妈妈是一个喜好安静的人，每次路路在家里跑来跑去，把玩具弄得叮叮咣咣直响时，妈妈就会觉得很烦躁，就会呵斥路路一声，让他安静一点儿。可是，没过一会儿，路路又开始跑跳玩耍，除了吃饭时间，路路只会在睡觉的时

候才会完全安静下来。

我们当妈妈的不应该把自己的喜好作为男孩行为的标准，更不能因自己喜欢安静而强迫男孩不许跑跳。我们应该转变自己的心态，接纳这个体内分泌大量睾丸素的小"淘气包"。在相对安全的情况下，允许他去宣泄精力，释放能量。这样，男孩的身心才不会受到压抑。

陪男孩用运动的方式释放能量

既然男孩有用不完的精力，那我们就要利用这个特点，引导他去做一些有益于身体发育、身心健康的事情。比如，我们每天抽一些时间出来，和他一起跑步、跳远、打羽毛球等等，这些体育运动不但能消耗他多余的精力，还能够增强体魄，促进身体发育。

所以，我们对于男孩精力旺盛的最好应对办法，就是选用运动的方式，与他一起"消耗能量"。在这个过程中，我们的引导不但可以避免他调皮捣蛋，我们自己的身体也得到了锻炼，真是一举两得，何乐而不为呢？

培养男孩的自制力

我们之所以会因他精力旺盛而烦恼，一方面是担心他发生意外，另一方面是担心男孩因过于好动而无法专注、安静地学习和做事。生性好动虽然是男孩的天性，但这并不妨碍我们对他自制力的培养。

那么，我们平时就要注重对他进行自制力的培养。一个精力旺盛的男孩不仅可以把能量用在肢体运动上，也完全可以用在脑力劳动中。所以，我们可以借助练习书法、读诵经典、画画、下棋等活动来锻炼男孩的耐力和注意力。

当然，这种锻炼不是一天两天能完成的，需要长期的训练。经过一两个月，或者半年甚至一年，男孩的自制力一定会有所提升。那时，他会把过多的精力分配在有效的地方，而不是肆意发泄。因此，培养男孩的自制力是解除男孩因精力旺盛而调皮捣蛋的有效途径。

第24招 哭泣,也是男孩的一种表达权利

哭泣是一种情感的流露,是某种情绪的表达,任何一个孩子都有权利用哭泣的方式宣泄情绪。然而,我们很多人都把"男孩"看成坚强和勇敢的代名词,认为泪水不是男孩应该享有的,只有弱小的、令人怜惜的女孩才有权利哭泣,男孩一旦哭泣就被认为是懦弱的表现。

其实,这是一种偏见。造物主既然赋予人类哭泣的权利,这种权利就不分男女。男孩会在亲人去世时失声痛哭;会在获得成功时,流下激动的泪水;会在看到了触动人心的场景时默默流泪;会在获得莫大的恩惠时,流下感动的泪水……这一切不都是很自然的情感流露吗?我们又何必用所谓的标准去判断他该不该哭,该什么时候哭,该怎样哭呢?

何况眼泪往往具有调节情绪,促进身心健康的作用。经研究发现,人们哭泣时流下的眼泪中,含有人体内过多的激素,正是这些激素让人们产生了烦恼。因此,哭泣可以帮人们缓解压力,减轻痛苦,使心情释然。既然如此,我们就不要用固有的观念阻止男孩享受这种调节情绪的方式了。

不强行阻止男孩哭

妈妈始终认为男儿有泪不轻弹,所以一看到儿子哭,妈妈就会特别生气,就会不问缘由地对儿子吼叫说:"不许哭!把眼泪擦干净!男孩不可以哭!"

儿子总是被妈妈的威严吓住,他越害怕,就越想哭。而在哭还是不哭的选择中,儿子每次都会选择大声地哭出来,而妈妈就会更加生气,妈妈越阻止,儿子哭得越大声。

这个男孩算是不顾妈妈的阻止发泄出来了,但是,很多男孩在妈妈的阻止下,就会把哭的欲望憋回去,强迫自己不哭。而这个强大的情绪没有找到出口时,男孩就会憋出病来,比如出现感冒、发烧、上火等症状。

所以,无论男孩为什么哭泣,我们都不要强行阻止,而是让他痛痛快快地哭出来。他哭够了,自然就不哭了,强行阻止只会给男孩的身心造成伤害。

不要在男孩哭泣时责备他

古代有"七不责"之说，就是在七种情况下，我们不要责备孩子，其中一种就是"悲忧不责"。具体说，当孩子感到悲伤、忧愁、惭愧而哭泣时，我们不要责备他，责备他就是不理解他，这会使他哭得更加厉害，更加伤心。所以，当男孩哭泣时，我们一定要去安慰他、开导他，对他表示理解、关心和同情，用母爱缓解他的悲伤。

引导男孩理智地表达情感

峰峰一进门就哇哇大哭起来，妈妈赶快上前问："怎么了？"

峰峰支支吾吾，边哭边说他今天的遭遇，因为他带着哭腔，妈妈根本听不清他在说什么。于是妈妈说："峰峰，你这样哭着说，妈妈根本听不清，咱们不哭了，好好说，妈妈才会知道到底发生了什么事。"

峰峰一听，抹了抹眼泪，调整了一下自己的情绪，开始重新讲述。

当峰峰知道自己哭泣的状态无法让妈妈弄清事情的原委时，他就立刻选择了理智地表达。所以，只要我们正确引导男孩，让他知道哭不但解决不了问题，还会形成沟通障碍的话，他就自然会停止哭泣，好好说话。

通过有效措施让男孩坚强起来

哭泣虽然是一种权利，但是太爱哭就不是好现象了。如果男孩特别爱哭，动不动就哭，说明他潜意识觉得自己很娇贵，要用哭的方式引起周围人对他的重视。此时，我们就要思考，是不是我们太过于保护他，太溺爱他，太娇惯他？

如果是这样，我们需要做的不是阻止男孩哭泣，也不需要给他讲关于"哭泣解决不了问题"的道理，而是从教养方面懂得放手，鼓励他去探索，创造机会让他去做力所能及的事情，不去理会他的撒娇行为……这样一来，他自己的意志力坚强了，也不觉得自己很娇贵了，自然就不会随随便便哭泣了。

第25招 争吵与打架，是男孩的另一种"表达"

"男孩爱动武"似乎是一个不争的事实，我们常常看到两个小男孩厮打在一起，而很少见到小女孩打架的场景。男孩为什么爱打架？这要从男孩的大脑结构说起。

曾有研究人员通过测量男女大脑皮层体积，计算不同区域占大脑容量的比例后发现，男孩与女孩的大脑存在7个完全不同的区域。在女孩的大脑中处理和表达复杂情感（如忧伤和幻想）的区域比较发达；而在男孩的大脑中，表达和处理直接的、简单情感（如愤怒和恐惧）的区域更大。所以，男孩一旦受到外界刺激，情绪产生变化时，就很容易用简单、直接的方式解决问题，表现在行为上就是争吵或打架。

另外，由于连接男孩的左右脑的纤维束不是很密集，所以男孩的思维方式比较单一，不擅长体察他人的内心世界，也不太会关心他人，不善沟通，这些特点会导致男孩常常用直截了当的武力方式来表达情感。

尽管我们了解了男孩喜欢动武的原因，还是不希望他用简单而粗暴的方式解决问题，因为这会给彼此都带来伤害。那么，我们该怎么办呢？

说出男孩的内心感受

随着年龄的增长，男孩内心的想法也随之增多，但是，由于语言的局限他又无法将想法传递出去。当他发现自己无法表达，或者对方不能理解他的心情时，他的本能反应就是通过肢体语言来表达情感。

此时，如果我们能说出他的感受，他从心理上就会觉得如释重负，也就不用借用肢体语言去表达了。所以，我们看到男孩打人了，就要马上要问他："你是不是生气了？""你是不是觉得很伤心？""你是不是很委屈？"等等。这样，孩子觉得妈妈理解他了，他也就会停止攻击性的行为。

教男孩用文明的方式表达情绪

小熙和小然是一对孪生兄弟，他们正在一起画画。小然把刚画好的画给小

熙看，没想到小熙却拿着自己的画笔在小然的图画上胡乱涂了两下。小熙的举动惹怒了小然，小然一拳把小熙打倒在地，小熙坐在地上大哭起来。

妈妈看到后，赶快上前对小然说："妈妈知道你很生气，如果有人在我的画上乱涂，我也会生气。但是，我们不能打人，可以要求小熙道歉，但不能动手打人。"

在妈妈的引导下，两人互相道了歉，又高兴地画起画来。

愤怒是一种正常的情绪，但是用争吵和打骂的方式表达这种情绪是最不理智的选择。那么，我们就要引导孩子用文明的方式表达情感。

所谓文明方式，就是用平和的语言进行沟通，但前提是男孩得忍得住自己的坏情绪，并有一定的语言表达能力。对于这两方面，我们就要通过以身作则和长期培养达到目标。

帮男孩顺利度过"动作敏感期"

5岁的宝宝总是用打人的方式表达喜爱之情，他如果喜欢谁，就会打对方一下。为此，妈妈制止过多次，但不起作用。

老师发现了之后，知道宝宝的动作敏感期来临了。于是，老师每次看到宝宝"打人"，就会对宝宝说："如果你喜欢他，你就轻轻地拍拍他，或者拉拉他的手。"

说完，老师还给宝宝示意一下"拍"和"拉手"的动作，让宝宝模仿。几次之后，宝宝就再也不用打人的方式表达喜欢了。

孩子在6岁之前，都有可能进入"动作敏感期"，其中一种表现就是常常做出带有攻击性的动作。但是，男孩的内心并没有什么负面情绪，只是用"打"的动作与同龄人交流。对此，我们不能鲁莽地去处理，如果处理不好，不但会给男孩造成严重的心理阴影，他还会持续用这种方式与别人交流。

宝宝的老师就给我们提供了不错的方法，就是不断地把正确的表达方式告诉男孩，他在没有任何心理压力的情况下，会顺利度过"动作敏感期"。

第26招 男孩天生爱冒险，但要注意引导

一个周末，小冬被几个同学背回了家。原来，几个男孩一起爬树、翻墙的时候，小冬不慎从树上摔了下来，脚痛得无法走路。妈妈见状，赶快带小冬去了医院，被医生诊断为脚踝骨骨折，要在家静养。

大多数男孩从小就有"初生牛犊不怕虎"的精神，胆子大，爱冒险，对于有挑战性和刺激性的事情特别感兴趣。他们从小就喜欢爬高，而且会毫不顾忌从高处往下跳。随着年龄的增长，他们开始热衷于滑板、攀岩、蹦极等活动。他们似乎很享受那种心跳加速、热血沸腾的感觉。然而，我们做妈妈的却为此伤透了脑筋。

一位养育了两个男孩的妈妈说："我每天都生活在提心吊胆中，生怕这两个家伙干出什么危险的事情来。"而古希腊哲学家柏拉图也早在2000多年前就说过："在所有动物中，男孩是最难控制和对付的。" 而男孩为什么如此爱冒险？还是和他体内分泌大量的睾丸素有关。

心理学研究表明，男孩体内过多的睾丸素会使他具有强烈的、寻求刺激的欲望，而这种欲望往往会通过两个渠道发挥出来：一是冒险行为，包括带有犯罪性质的冒险行为；二是创造行为，因为当男孩在进行创造时，他寻求刺激的欲望也会得到一定程度的满足。

那么，我们就要注意引导男孩，让他在相对安全的范围内做一些创造性活动，以锻炼他的胆识和创新能力。

❀ 把避免危险的方法告诉男孩 ❀

过年时，陈晨闹着要放花炮，妈妈考虑到他年龄还小，玩花炮很危险，就拒绝了他。没想到，陈晨趁妈妈不注意，便偷拿表哥的花炮去外面燃放，还好妈妈发现得及时，没有出危险。

这下妈妈知道不让他玩儿是不行了，于是就教他用一根比较长的细铁丝绑着点着的烟，然后再去点花炮，等看见冒火了，就赶紧跑。陈晨按着妈妈教的

方法，整整玩了一个下午，玩得特别开心。

当男孩想冒险、想尝试的时候，我们的阻止不但起不到作用，还会使他更加想尝试。我们与其不让他冒险，不如把避免危险的方法教给他，多给他讲一些安全常识，让他学会保护自己。这样，他的冒险欲望不但能得到满足，也能最大限度地减少危险几率。

让男孩认清冒险的性质

我们要让男孩知道，盲目地冒险往往会给危险埋下伏笔。我们可以把现今社会很多"驴友"相约去野外探险导致丧命的事情讲给男孩听，让他明白，只有热情而没有专业训练的探险活动往往会造成无法挽回的严重后果。

另外，我们要告诉孩子，不懂市场行情而投入大笔资金去炒股的行为也属于盲目冒险，最后的结果也不容乐观；还有，像冒险去抢劫、偷盗等行为是触犯法律的，是绝对不可以做的……总之，我们要让孩子认清冒险的性质，让他知道，有些"险"是绝对不能冒的。

巧妙应对男孩的固执

翔翔和妈妈去旅游，看到有些大人正在玩蹦极，翔翔就很心动，闹着也要蹦极。虽然妈妈告诉他这不是小孩子玩的，但是翔翔执意要玩。妈妈并没有吼叫地制止他，而是对他说："好吧，我们去问问那些给游人系保险带的叔叔，看看行不行。"

结果可想而知，工作人员毫不客气地对妈妈说："这个极限运动怎么能让小孩子玩？很危险的。"翔翔看到这个场景，不再闹着要蹦极了。

当男孩固执地一定要参与冒险活动时，我们的极力反对会让他感到不解。那么，我们可以请活动的组织者或工作人员当着男孩的面表态，必要时，我们可以和对方演场戏，让男孩打消冒险的念头。这样，我们就不会在与男孩的"硬碰硬"中两败俱伤。

第27招 男孩有探索欲望,请认同这个"破坏大王"

大多数男孩都有强烈的好奇心,渴望从未知的世界有所发现,那么,探索就成了不可避免的过程。但对男孩来说,探索不仅仅是用眼睛看,用耳朵听,更表现为动手探索。但在动手操作过程中,由于男孩知识经验的缺乏,就很容易成为一个"破坏大王"。而面对这个"破坏大王",我们万万不可用吼叫的方式压制他的探索欲望。

男孩的"破坏性"行为与他的生理和心理发育有一定的关系。从心理角度分析,男孩的责任感和义务感比较差,想不到要为破坏行为负责,于是就不顾后果地去探索了。另外,男孩的自我控制能力也比较差,为了满足自己的好奇心,就会做出一些破坏性的行为。

当然,男孩往往会通过"破坏性"的探索,对物品的结构和其工作原理有一定的了解和认识,这对提升他的动手能力、观察能力、思考能力和创新能力都会有所帮助。所以,我们应该认同这个"破坏大王",同时用理智的方法帮他满足探索欲望,使他的身心得到良好的发展。

别对正在探索的男孩吼叫

梁浩特别喜欢拆卸玩具。一天,趁妈妈不在家,他居然研究起妈妈心爱的闹钟。他把闹钟的外壳拆掉,然后反复观察闹钟工作的原理……正在他研究得津津有味时,妈妈回来了。

妈妈一看,忍不住大叫道:"你在拆什么?"等看清梁浩拆的是自己心爱的闹钟时,更加气愤地说:"谁让你拆闹钟的?啊?"看着满地的零件,妈妈的吼叫声更大了。

很多女性因为对物品的爱惜,根本容忍不了男孩的破坏行为。但是,为了不遏止男孩的探索欲望,我们最好别冲着他喊叫,而是鼓励他把东西重新装好。对于特别贵重或心爱的物品,我们应该提前告诉男孩不要拆卸,或者干脆放在他找不到的地方,或者指定一些小物件让他拆卸。这样,我们就不会冲着

正在探索的男孩吼叫，他的探索欲望也就得到了满足。

和男孩一起探索

在中松义郎的记忆中，外祖父是一个非常喜欢机械的人，外祖父常常把家中所有带机械结构的东西都拆得七零八落，然后再一一组装起来给他看。在外祖父的影响下，小中松也对机械有很大的兴趣，并频频开始拆卸各种机械。

长大后的中松义郎成为了一名发明家，他创造过3200项发明，取得专利的有290件，曾15次在纽约世界发明竞赛中荣获最高奖，被尊称为"世界发明大王"。

中松义郎从小就是和外祖父一起进行探索，当然，也少不了一起"搞破坏"，但一个大发明家却就此诞生了。所以，当男孩开始拆卸物品的时候，如果我们有兴趣，可以参与进来和他一起探索。也许，我们会发现拆装机械的乐趣，也会理解男孩在"破坏"中的成长。

把"专业人士"介绍给男孩

如果我们有搞机械的朋友，一定要引荐给男孩，或者邀请朋友亲临"现场"指导，让男孩在专业人士的指导下进行探索。如果没有类似的朋友，我们自己也可以通过书籍或网络，学习相关常识，然后把基本的机械拆装原理告诉男孩。

当然，这个任务我们最好请男孩的爸爸来做，毕竟男性对于机械的敏感度比我们女性强，指导起来也比较得心应手。当男孩掌握了一定的专业知识后，加上动手实践，他就会从"破坏大王"变成"小工程师"了。

和男孩一起修理家庭器具

既然男孩喜欢拆装器械，那么，我们完全可以借此机会，让他成为家庭的"维修工"。如果家里的门把手坏了，某个物件上的螺丝松了，哪个零件丢了，我们就把维修任务交给男孩，可以在必要时提供一些指导。当然，对于电器、煤气管道、水管之类的维修，我们不要让男孩轻易参与，因为非专业人士

的盲目参与往往会给人身安全造成威胁。所以,我们要视情况安排男孩参与维修,让他的探索欲望得到进一步发挥。

第28招 男孩有时也很脆弱,请维护他的自尊心

"脆弱"一词往往是用来形容柔弱的女孩,很少有人把"脆弱"与男子汉挂上钩。但实际上,男孩有时也很脆弱,只是他并不常常把脆弱的一面展现出来罢了。正如有人说:"男孩就像一个被层层钢铁包裹着的鸡蛋,穿过坚强的外壳,脆弱无比的实体就会暴露无遗。"真的是这样吗?

英国精神病学家瑟巴斯汀·克莱默曾在一篇名为《脆弱的男人》的文章中指出:"男胎儿在母体里更容易死亡或受到损害……男孩在婴幼儿时期,面临着更多的心理问题,因而他们需要特别的关照。"

克莱默还说:"人们看不惯男子汉的软弱,男人在任何时候都不能表现出脆弱的一面。所以,小男孩的压力也不小,他们更加敏感,在两岁以前,他们的很多天性和本能就被压制住了。" 看来,无论从生理角度还是社会角度分析,男孩反而更容易受到伤害,显得更脆弱。

其实,男孩表现出的脆弱与他的哭泣一样,是正常情感的流露,我们不能因为他是男孩,就不允许他展现脆弱。在这个时候,我们反而应该抛开世俗的观念,了解他的自尊,理解他、鼓励他、支持他,他会因为感受到妈妈的爱而更加自信、更加强大。

转变"男孩应该坚强"的想法

良良所在的足球队在比赛中输了,良良心里很难受,回到家也不想吃饭。妈妈见状说:"哎呀,不过是一场足球比赛,没什么大不了的,下次争取赢回来。"

两天过去了,良良还是闷闷不乐的,妈妈问其原因,他还是走不出输球的阴影。看着良良萎靡的样子,妈妈不由自主地开始生气,并大声说道:"一个大男子汉,用得着这样吗?都几天了,还是这个样子,我要是你,早缓过来了。"

妈妈觉得男孩不应该如此脆弱,应该学会迅速调整情绪,选择坚强,所以

才会忍不住大吼大叫地"激将"他。但是，我们忽略了，调整情绪是一种能力，男孩的这种能力要靠谁来培养呢？当然是我们做妈妈的。

我们与其固执地认为男孩应该坚强，不如想办法让他学会坚强，但是，用吼叫的方式激他并不是明智之举。因为激将之后，男孩要么故作坚强，要么继续萎靡。事实上，他内心的脆弱并没有得到缓解。所以，我们还是要用理解和关爱来引导男孩。

把"鼓励"作为常用的教育方法

当男孩遭遇人生的挫折时，他最需要的就是理解和鼓励，我们千万不要大声地数落他、责备他、批评他，否则他的内心会感到无助和失落，自尊心也会受到伤害。如果我们常常用这种吼叫的方式与他互动，他就会成长为一个名副其实的"弱者"。

所以，无论他多么失败，我们都要耐心倾听他内心的声音，然后鼓励他，为他打气，相信他能够找到自信，重获成功。只有这样，男孩才能学会在失落时为自己加油，成为一个内心强大的人。

用转移注意力的方法帮男孩走出心灵阴影

有时，男孩因心灵受到重创而难过很久，在他没有恢复常态之前，都会显得很脆弱。也许事情并不严重，但他就是迟迟走不出心理阴影。此时，我们不能用自己的思路去判断男孩的感受，而是要最大程度地理解他，帮助他。

我们能采取的最好的办法，就是支持他的兴趣爱好，或带他接近大自然，多带他进行户外活动……总之，别总让他独自郁闷，而是想办法转移他的注意力。渐渐地，他就会走出心灵的阴霾。等他长大后，他就会用类似的方法调节情绪了。

允许男孩安静地待一会儿

对于男孩的某些脆弱情绪，我们不需要看得很严重，他有自我调节的能

力。特别是男孩不想主动向我们表达的时候，我们不要强行逼问，更不能因为问不出结果就吼叫着指责他。我们应该让他安静地待会儿，让他从独处中能学会整理思绪、自我反省、更新心情。有时我们的盘问反而会打乱他的思绪，增加他的烦恼，不利于他尽快恢复心情。因此，如果男孩不需要，我们就不要用"安慰"打扰他。

第29招 0～18岁，认识男孩成长的三个阶段

男孩从出生到成年，要经历重要的三个成长阶段，即：纯真时代、转变时代和青春时代。在不同的阶段，男孩的生理和心理都会呈现出不同的状态，我们对他的教育也要以他自身的特点为标准，而不是以我们的喜好和经验去教导他。那么，我们就要对男孩各个阶段的身心状态有一定的了解，这样才能因材施教，让男孩顺利成长。

了解男孩的纯真时代

0～7岁属于男孩的纯真时代，在这个阶段里，男孩要度过婴儿、幼儿和童年时期。可以说，这个阶段是男孩身体发育、智力发展、情感发育和性格形成的最重要阶段，我们要给他足够的关爱、呵护和引导。

我们首先应该了解婴幼儿的体质，依照科学的方法打理他的衣食住行，防止他的身体发育受到不利影响。比如，我们通常会让男孩吃得很饱，穿得很暖，但是，从中医角度讲，婴幼儿时期的孩子是纯阳性体质，脾胃比较虚弱，应该吃七分饱，穿七分暖，而吃得过饱、穿得过暖反而容易使孩子生病。所以，了解男孩在这个时期的生理状况是非常重要的。

从心理发展角度讲，这个时期的男孩特别喜欢依赖，他对常常照顾他的人充满信任和依恋，如果这个人一旦离开他的生活，他会变得焦躁不安，这种情绪会影响他性格的形成。所以，"这个人"应该是我们做妈妈的，而不是保姆、奶奶、外婆等人。

我们还需要了解的是，7岁之前的男孩是通过"感官"感觉周围的世界，他

的感觉器官会灵敏地捕捉到妈妈的情绪变化，并受其影响而形成特定的性格。正如奥地利社会哲学家鲁道夫·斯坦纳所说："若孩子成长中是跟着一位易怒的父亲或老师，则孩子全身的脉管系统就会随着易怒的倾向而成长。"这就说明，男孩在7岁之前就会基本形成与父母相似的脾气和性格。所以，我们要时刻注意自己的言行，让身教发挥最积极的作用。

另外，我们一定要对"儿童敏感期"的概念有所了解，它会帮助我们理解男孩的很多行为，比如吃手、咬人、啃家居、不断扔东西等等。当我们知道了男孩的某个敏感期到来了，就不会用吼叫的方式去阻止他，他就会在7岁之前顺利地渡过各种敏感期，愉快而轻松地进入童年。

建议丈夫多与男孩互动

男孩从7岁开始进入了他自身成长的转变期，直到14岁结束。这个阶段的男孩不再像之前那样依赖妈妈，而是越加喜欢和爸爸交流，他开始向爸爸学习，模仿爸爸的行为，并希望自己成为一个男人。

因此，在这个时期，爸爸对男孩的影响是不可忽略的，如果爸爸并没有给男孩足够的关爱和引导，男孩就会给爸爸制造麻烦，希望引起爸爸的注意。如果男孩没有如愿，他在未来的日子里就会和爸爸对立起来，成为一个不听爸爸话的"小男子汉"。那么，我们一定要让丈夫明白这一点，并提醒他常与男孩互动。

当然，这并不意味着男孩不需要妈妈的关怀，只是我们要懂得适当放手，为他走向独立打下坚实的基础。

做好男孩的引路人

14岁之后，男孩逐渐进入了生机盎然的青春时代。在这个阶段，男孩的身心都发生着巨大的变化。此时，我们一定要做好引导工作，让男孩坦然面对自己的身体发育，了解自己的心理状况。

不仅如此，男孩的人生观、价值观开始逐渐形成，他开始从幼稚走向成

熟。此时,他特别需要一位引路人,那么,我们是否能胜任这个角色与我们的教育方式息息相关。如果我们总是对他大呼小叫,即使我们说得有道理,他也不愿意接受我们的指导。

所以,在这个时期,我们不仅要把正确的人生价值观告诉男孩,让他学会辨别善恶美丑,平时也要像朋友一样和他沟通,在他迷茫时给他建议,让他独自作决定、作选择、作安排。渐渐地,他就会成为一个身心健康的男子汉。

第四章
好妈妈不吼不叫，心平气和教男孩做人

妈妈都希望自己的男孩长大后能够获得事业的成功，于是努力培养他的各种能力，却不教给他如何为人处事。殊不知，这是本末倒置，真正决定孩子能否成为有用之人的因素是他会不会做人，因为做人是每一个人的安身立命之本。所以，好妈妈都应该静下心来，心平气和地教孩子如何成为一个有孝心、有爱心、有羞耻心，既诚实守信又正直勇敢的人。

第30招 培养男孩的孝心，这是做人的根本

在我国东汉时代的湖北一带，有一个男孩叫黄香，他9岁时母亲就去世了，因此他更加孝顺父亲。每当夏天炎热的时候，父亲睡觉前他就在床上扇扇子，认为这样能使枕席清凉；每当冬日严寒的时候，他先用自己的身体将父亲的枕席暖热，然后才让父亲睡觉。古人认为这个孩子是所有孩子孝顺父母的典范，因此《三字经》中说："香九龄，能温席。孝于亲，所当执。"

天下所有的父母都希望孩子能像黄香一样孝顺自己，尤其在自己老了以后，这样就"老有所依，老有所靠"了，"养儿防老"就是这个意思。另外，培养孩子的孝心，更因为这是做人的根本。古语说："百善孝为先。"孝与很多美好的品质紧密联系在一起，一个具备孝心的男孩，他就会有仁爱之心和同情心，他也会具备乐于助人、宽容待人等美德。具有这些高贵品德的孩子，又何愁日后无法在社会上立足呢？

培养男孩的孝心，不是我们告诉他要孝顺父母就可以了，还需要我们想办法让男孩在实际行动中体现出他的孝心。

让男孩生活在"孝于亲"的氛围中

中央电视台播放过一个公益广告：

晚上，一位妈妈一边给婆婆洗脚，一边跟婆婆说话。看到这些，她年幼的儿子也晃晃悠悠地端了一盆水给妈妈，说："妈妈洗脚。"

这个公益广告让很多人感动和思索。孩子是站在我们身后，跟我们学习的。所以，如果想让我们的男孩"孝于亲"，我们首先要让他生活在一个"孝于亲"的氛围中。我们平时要体贴、照顾好年迈的公公婆婆，要经常回自己的父母家看看，跟他们说说话，给他们端杯茶、倒点水、盛碗饭……我们这些"孝"的行为会在孩子周围形成一种"孝"的氛围，让孩子受到感染，从而对父母产生出孝心。

不要让孩子成为家里的小"皇帝"

周兵从出生就一直是家里的"小皇帝"。他睡觉的时候，家人做什么都要轻手轻脚；他喜欢吃的东西，家人都不能先吃；外出玩的时候，家人也都尽力使别的小朋友让着他……

有一天，爷爷生病了，妈妈煲了鸡汤给爷爷补身体。周兵闻到香味后非要喝，妈妈就让他喝了一点。周兵喝完后说："太好喝了，给我留着，我要慢慢喝。"虽然妈妈说了煲汤的理由并许诺再给他重新做，可周兵哭闹着就是不让爷爷喝。这让爷爷很难过，也让家里其他人感到很生气。

像周兵这样的"小皇帝"，在现代家庭中并不少见。他们以自我为中心，眼睛里根本看不到父母和他人，这样的孩子又怎么能对父母有孝心呢？所以，我们一定要避免男孩成为家中的"小皇帝"。我们要让孩子知道，他虽然小，需要照顾，但他也只是家庭中普通的一员。如吃饭时，不要给他优先选择权；家务活，他力所能及的也要让他做等，这样他眼中才能看到这个家，看到其他

家庭成员,也才能对家人表现出关心、体贴。

适当示弱,给男孩体现孝心的机会

母爱之所以是伟大的,是因为妈妈都有强大的牺牲精神和奉献精神,这本无错,但有时候我们也要适当示弱,这样才能给男孩提供关心、孝顺我们的机会。如,我们生病了,就不要强撑着给孩子洗衣、做饭,而是在床上躺一会儿,让孩子给自己端点儿水,拿点儿药。再如,在超市购买了很多东西,我们不要都自己拿着,让男孩帮我们一把。这些"示弱"能让男孩感觉到妈妈也需要关心、体贴,也需要帮助。当男孩心甘情愿甚至主动地做这些事情时,他的孝心就算培养成功了。

第31招 教男孩有一颗感恩的心

美国著名作家谢尔·希尔弗斯坦曾创作过一个绘本——《爱心树》,里面讲述了这样一个故事:

有一棵树,爱上了一个男孩。男孩每天在树下捡树叶、编王冠、爬树、荡秋千、吃苹果,和大树捉迷藏,累了就在大树下睡觉。日子一天天过去,男孩渐渐长大,不再到树下玩了,树很孤独。

有一天,男孩来了,树让他玩,可他说:"我想买东西,你能给我一些钱吗?"树让他把苹果拿去卖掉。很久后的一天,男孩又来了,说:"我想要一座房子,你能给我一座房子吗?"树又让他砍掉了自己的树枝去盖房子。

大树一直在无怨无悔地为男孩付出,以至于最终树干让男孩砍下做了船去远行,剩下一个树墩也没有浪费,而是供男孩老了安静地坐着休息……

在这个故事中,树一直在给予,而男孩一直在索取,这种关系很像妈妈和男孩的关系。尽管妈妈很快乐地给予而且不求回报,但是,男孩的一味索取而不知感恩,还是让人有一些感伤和难过。

感恩是一个男孩健康成长必备的积极心态。懂得感恩的男孩,他明白自然、社会、家庭为自己付出了什么,他会不骄纵、不自私,他会爱自己的父

母、亲人，也会爱其他人。因此，即使我们心甘情愿地付出并且很快乐，也还是要让孩子有一颗感恩的心。

让孩子明白一切都值得感谢

我们生活在大自然中，大自然中的一切都值得我们感谢：感谢土地供人类种植粮食，感谢阳光、雨露让种子萌芽、生长，感谢蝴蝶、蜜蜂等传授花粉让植物结出果实……这样我们才能有吃的喝的；感谢父母给我们生命，并精心哺育我们长大；感谢老师传授我们知识，教导我们做人；感谢朋友和我们一起分担痛苦、分享快乐；感谢领导为我们提供工作的机会，也感谢那些为我们工作的人……这样我们才有着丰富的精神生活。如果我们这样看待自己生活的环境和社会，并把这种观点传达给孩子，久而久之，孩子也一定会用这种眼光去看待他生活的环境，从而拥有一颗感恩一切的心。

借助感恩节让孩子表达内心的感谢

王宇森8岁那年的感恩节，吃晚饭前，妈妈郑重其事地对大家说："今天是基督教的'感恩节'，虽然我不是基督教徒，不过我想借这个机会谢谢你们。谢谢爸爸妈妈，你们也渐渐老了，还要帮我接送孩子和买菜做饭，你们很辛苦。谢谢老公，你一直支持和鼓励着我工作。谢谢我的宝贝儿子，你带给我那么多快乐。"听到这一席话，全家人都很感动，静默了几秒钟，王宇森突然凑到妈妈耳边说："谢谢妈妈陪我玩，给我洗衣服。"妈妈很高兴地和儿子说悄悄话："那你要不要感谢爷爷奶奶和爸爸呢？"王宇森开始向其他人说出他的感谢……

每年11月的第4个星期四是西方的感恩节，尽管感恩节不是我们的传统节日，我们依然可以借感恩节让孩子说出他内心的感谢。当"感谢"被说出口时，孩子就会觉得这一切不是家人理所当然要为自己做的，是家人对自己的关爱和付出。而孩子接受了感谢，也会让他感觉到为别人付出后的快乐，这样他也就懂得感恩并愿意付出了。

和孩子一起向陌生人表达感谢

我们经常会带孩子一起外出游玩，有时候也会乘坐公共交通工具。虽然照顾老、幼、病、残、弱是一种社会道德要求，但任何人也都有在公交车上坐座位的权利，所以，当这个人给我们让座时，他一定心存爱和善意，我们也一定要真诚地向陌生人的这种爱和善意表示感谢。

其实，可以向陌生人表达感谢的机会很多，有时别人给我们帮忙，有时别人给我们善意的提醒，交警指挥交通让我们安全通行，医生护士为我们解除病痛等，只要有机会，就和孩子一起向陌生人表达感谢。慢慢地，心存感恩，表达感谢就会成为孩子一种自然而然的习惯了。

第32招 让谦卑成为男孩一生最好的"通行证"

崔浩上小学五年级了，年年稳居班级第一，亲戚、邻居、老师都经常夸奖他，这让他有点飘起来的感觉。

有一天，崔浩和妈妈聊天的时候说："现在我们班同学有问题都来问我，他们说我跟老师的水平都差不多了。"妈妈问他："那你觉得呢？"崔浩自豪地说："我觉得也差不多。"妈妈笑着说："既然你水平这么高，我问你一个俗语。你知道'一瓶子不响'的下句是什么吗？"崔浩挠着头想了一会儿："我不知道。"妈妈拍拍他的肩膀说："是'半瓶子晃荡'啊！好好想想吧！"说完就起身忙自己的事情了，留下崔浩在那里发呆。

所谓"一瓶子不响，半瓶子晃荡"，就是形容真正有本领、有能力、有知识的人往往更深沉、内敛、更谦卑，而那些掌握了一点知识、本领的人却常常到处炫耀，以为自己无所不知、无所不能。

男孩在学习的过程中，会经历一个从"无知"到"有知"的过程，随着知识的增长，他很容易骄傲起来。尤其是那些兴趣爱好广泛的男孩，他们往往什么都知道一点，所以就更容易飘起来。当然，做妈妈的都知道"谦受益，满招损"的道理，所以，我们还是要让男孩谦卑一些。

说到谦卑,很多妈妈都容易将它与"自卑"混同,认为谦卑就是让孩子否认自己的知识、能力,在别人面前表现得卑微、低下。其实不然,谦卑是一种平和的心态、宽阔的胸怀。谦卑的人不会刻意地表现自己的优越感,也不会毫无顾忌地伤害别人,谦卑的人会用平常心看待他人,知道每一个人都既有优点,也有缺点,然后学其优点、避其缺点。

另外,谦卑与自信、进取也不矛盾。因为谦卑的人内心清楚自己掌握了一些知识、本领,但同时他也知道知识的海洋是广阔无边的,知道人外有人、天外有天,自己还要学更多的知识,还要向更多的人学习。也就是说,谦卑能促使人更加奋发、进取。

由此看来,谦卑表现在做人上,是一种低调做人的心态;表现在学业上,是一种奋发进取的精神,所以,如果男孩懂得谦卑,那无疑是掌握了人生最好的"通行证"。

要想让男孩懂得谦卑,我们可以给男孩讲一些关于谦卑的哲理故事,比如:

很久以前,一位年老的先知让他所有的学生到各地去修行。修行结束后,这些学生都回到了先知的跟前,先知让他们说说自己修行的结果。

其中一个学生说:"我现在掌握了'在水面上行走'的功夫,怎么样,我很厉害吧?"先知听后什么也没有说,就带着大家来到河边,叫来一艘渡船渡大家过河,大家都莫名其妙。

过河之后,先知问掌舵的人渡他们要多少钱,掌舵的人回答说:"2块钱。"这时,先知对掌握了"在水面上行走"的功夫的学生说:"年轻人,你引以为傲的新本事看起来就值2块钱。"这个学生顿时满脸通红,他说:"老师,我知道错了。"

类似这样的哲理故事有很多,我们可以挑选一些给孩子讲,大多数孩子都很聪明、领悟力比较强,他们一听故事就会明白做人要谦卑的道理。

要想让男孩懂得谦卑,我们还可以和男孩一起读一些名人传记。因为古今中外,大凡有成就的人,往往都比较谦卑。如孔子,他认为"三人行,必有我

师"，所以终其一生都在不断地学习；如三国时代的刘备，他举事之初，"将不过关张，兵不及三千"，但他"三顾茅庐"请来了诸葛亮，辅助自己成就了帝王之业；如牛顿，他晚年还说："在科学面前，我只是一个在岸边拣石子的小孩。"……和孩子一起读名人传记，不仅是对孩子学习兴趣、进取精神的一种引导、鼓励，也是养成孩子高尚品德的过程。

第33招 教男孩学礼貌，让他更可爱，更绅士

有一天，小军和妈妈要去郊区看望一位亲戚。他们下公交车后，走着走着发现有些迷路了，正好看到不远处有一位清洁工，妈妈就让小军去问问路。小军走过去对清洁工说："喂，扫大街的，到×××怎么走啊？"清洁工抬眼看了小军一眼，嘴里嘟哝着"真没礼貌"，转身走开了。

一个没礼貌的男孩，竟然连问路这种非常简单的事情都无法完成，可见，礼貌关系着男孩的人际交往，是男孩人际交往的一块敲门砖。一个懂礼貌的孩子，他的言行使他很少和人产生摩擦；一个懂礼貌的孩子，不仅很容易受到别人的欢迎，也很容易获得别人的帮助；一个懂礼貌的孩子，能和别人和睦、友好地相处。

礼貌不仅决定着男孩的人际关系是否和谐，还决定着男孩的做人和立身处世。孔子在《论语》中说："不学礼，无以立。"他还说："文质彬彬，然后君子。"这都是在强调"礼"对一个人尤其是男性的重要作用。虽然孔子已经去世几千年，虽然今天的社会和孔子所处的社会已经有着天壤之别，然而，是否懂礼、是否有礼貌却依然是评价一个人的重要标准。从表面上看来，礼貌体现在彬彬有礼地称呼他人，是对他人说"请"、"谢谢"、"对不起"，是在他人说话时专注地倾听……其实礼貌在本质上是对他人发自内心的尊重，一个尊重他人的人才能赢得尊重，才能被他人认可和接纳，也才能在做人和立身处世方面获得成功。

所以，妈妈如果想要自己的男孩像一个"小绅士"，让自己的男孩人见人爱，就要教男孩学礼貌。

告诉男孩什么是礼貌行为

我们都知道要让男孩有礼貌，但"礼貌"对他来说是抽象的，他不知道什么样的行为是有礼貌的行为，所以，我们要在生活中将"礼貌"具体化。即碰到老人时，让孩子称呼"爷爷"、"奶奶"，同时告诉他这是有礼貌的行为；路上遇到有人问话，告诉孩子清楚明白地回答对方的问话就是有礼貌的行为；别人在工作、打电话时不要去打扰他们，这是有礼貌的行为；和别人沟通交流时，多使用"请"、"谢谢"等敬语，这是有礼貌的行为……孩子清楚了有礼貌的行为是怎样的，那他在一定的场合中才能做出有礼貌的行为。

鼓励和强化男孩的礼貌行为

在日常生活中，男孩有时会出现一些有礼貌的行为，这时我们就要对孩子的这种正向行为进行鼓励和强化。如孩子外出时给老人让了座，我们就要对他说："你给老爷爷让座的表现很好，我们真为你高兴。"孩子受到鼓励，就会多次重复这种有礼貌的行为，久而久之，他自然就会成为一个小绅士了。

孩子在公共场合无礼时，请不要当众斥责

我们在看到孩子没有礼貌的表现时，第一反应就是批评、训斥他，冲他大吼大叫，强迫他有礼貌，其实，这种做法是不正确的。这样做不仅会伤害孩子的自尊心，让他很没面子，还会让孩子觉得礼貌是连累他挨批评的"东西"，从而对礼貌产生反感。所以，孩子在公共场合无礼时，我们可以用委婉的方法如耳语来制止他，回家后再告诉他其中的道理。

让男孩体验被无礼对待的感受

有一些男孩认识不到礼貌的重要性，认为礼貌是繁文缛节，尤其是大大咧咧惯了的男孩。对此，我们可以让孩子体验一下他被无礼对待的感受。如家里有客人来时，孩子对客人不够热情。我们就可以在去别人家做客时，提前跟主人约定，让主人冷淡孩子。孩子受到冷淡后，内心自然不舒服，这时我们再跟

孩子强调礼貌的重要性,他的体会就会更深刻一些。

第34招 给男孩一颗仁爱的心,让他受益一生

清晨,海边的沙滩上走着一个男孩,他走得很慢,并且时不时把什么东西扔进海里。原来,沙滩的浅水洼里常常有被海浪卷上来的小鱼。这些小鱼被困在浅水洼里,虽然离大海很近,可它们就是无法回去。男孩想救这些小鱼,他就不停地弯腰捡起小鱼然后拼命把它们扔回海里。

有一天,一个人散步经过,对男孩说:"沙滩上这样的小鱼很多,你救不过来的。"男孩头也不抬地说:"我知道。"这个人很奇怪地问:"那你为什么还要不停地扔?谁在乎呢?""这条小鱼在乎!"男孩捡起一条小鱼说,"这条也在乎,还有这一条,这一条……"

相信很多人都读过这个故事,而且都被故事中的男孩感动着,大家都不会否认,故事中的男孩有一颗金子般的仁爱之心。

从汉字本身来看,"仁"是"二人",是人与人之间的相处之道。孔子说:"仁者爱人。"这就表明,人与人之间的相处之道是"爱",人不仅要爱自己还要爱别人。但在现实生活中又有多少孩子能做到爱别人呢?一位儿童教育家说:"只知索取,不知付出;只知爱己,不知爱人,是当前独生子的通病。"孩子为什么会如此?是他们天生都如此吗?

儿童心理学家的研究表明,孩子天性中就有善良和同情等品质。婴儿一岁前会在别的孩子哭时一起哭,这是他对别人情绪的感应。幼儿一两岁的时候会用自己的玩具或食品去安慰哭泣的孩子,他在试图帮别的孩子减轻痛苦。到了五六岁,孩子就会主动安慰伤心难过的孩子。

既然"人之初,性本善",为什么越来越多的孩子却对同伴表现出自私、冷漠、幸灾乐祸的一面呢?这与我们的后天教育、社会大环境等因素有关。也许我们本身就是一个只爱自己不爱别人的人,孩子受影响自然也只爱自己不爱别人;也许我们溺爱孩子,让他成为家庭的中心,作为中心的他习惯了聚集所有人的爱于一身,而没有学会将爱传播出去;也许我们在孩子表现出爱心的时

候,告诉他"不要多管闲事"……

有教育专家说,所有的父母在教育孩子的过程中,都会或多或少犯一些错误。不管男孩没有仁爱之心是不是我们教育的过错,我们都可以从现在开始让他拥有一颗仁爱之心,毕竟仁爱是人类光辉灿烂的人性,是崇高且伟大的品德,拥有仁爱之心,能让我们的男孩受益一生。

引导男孩关爱身边的人

在男孩的生活中,亲人、邻居、老师、同学都可以说是男孩身边的人,我们要引导他去关爱这些人。如亲人生病了,让他去看望一下,或者打电话问候一声;老师嗓子沙哑了,给老师端杯水润润喉;同学摔倒了,让他去拉一把并安慰安慰;家里有好吃的,让他送点给邻居等。做这些事情花费不了男孩多少时间,但这些细节行为却能让男孩的内心堆积起一座仁爱的高山。

让男孩养一些小动物

在自然界中,很多动物完全是无助的,有些人在用各种方法剥夺动物的生命,显示着人类自私、冷酷的一面;而有些人却用一片爱心喂养着流浪的小猫、小狗。我们也可以让男孩养一些小动物,如小鱼、乌龟、小鸡、小鸭、小鸟以及猫、狗等。想让这些小动物每天生龙活虎,孩子就要付出一点时间、精力。但在付出中,也能收获爱心、善良以及责任感等,也能让孩子对生命有所感悟,从而珍惜生命、热爱生命。

让男孩学会移情

有一个成语叫感同身受,即别人悲伤、痛苦时,我们能理解能体会,如同自己感受到一般。为什么会这样?这是移情的结果。对孩子爱心的培养,我们也可以运用移情让他感同身受。当孩子看到另一个孩子因丢失物品而难过时,我们可以让孩子想想他自己的经历,他可能就很容易理解这个孩子的感受,并因共同经历而同情甚至安慰对方。当孩子学会移情,能够感同身受之后,他就

会爱更多的人。

第35招 培养男孩诚实守信的优秀品质

诚实守信，是做人的一种优良品德。一个诚实守信的人，会对自己、对他人真诚、忠实，不欺不诈，严守承诺，说到做到。

男孩来到这个世界，纯洁无瑕。人们相信撒谎、欺诈、食言等不良品质一定不会和孩子相关联，然而，事实却是很多父母都发现自己的孩子有撒谎、违约和食言的行为，为什么会这样呢？其原因大概有以下几种：

第一，有些妈妈在男孩面前善意地撒谎。

浩然和奶奶说好晚上回奶奶家，可是，妈妈想到挤车太累、太辛苦，就临时打了退堂鼓。她看到浩然在投入地搭积木，就拿起电话跟婆婆说："妈，浩然的英语班临时加了一节课，今天回不去了。"刚放下电话，浩然疑惑地问："妈妈，我怎么不知道英语班加课了？"妈妈张口结舌地不知道说什么好。

在这个世界上，完全做到诚实守信的人并不多，大多数人都有撒谎的经历，有时是善意的，有时是不得已。成年人可以理解这些，但孩子不能理解。他听到的只是妈妈在撒谎，次数多了，孩子就会觉得撒谎这种行为很正常，没什么大不了的，他也会渐渐学会撒谎，从小谎言到大谎言。

第二，男孩为了满足自己的某种要求、愿望而撒谎。

我们生存的世界是丰富多彩的，男孩一天天长大，面对这个丰富多彩的世界他就会有各种各样的要求、愿望。他的这些要求、愿望，我们当然不会完全满足。但孩子为了使自己的要求、愿望得到满足，他就会想办法，办法之一就是撒谎。如想买一把枪，就说其他小朋友都有了，只有他没有；如不想刷牙，就在盥洗间待一会儿，然后出来说刷完牙了。

第三，男孩为了逃避责骂而不诚实。

男孩通常都比较喜欢冒险，也比较顽皮，所以，男孩经常会闯祸。如果妈妈对孩子要求严格，孩子闯祸后会受到严厉责骂或者挨打，那孩子就会因为想逃避打骂而撒谎。

第四,男孩因为考虑问题不全面而违约。

因为孩子年龄小,考虑问题不全面,很可能轻易地答应了别人要做什么事,到后来却发现这件事自己根本就做不了,结果导致孩子不能谨守承诺。

我们无法接受男孩撒谎、违约和食言的行为,"言必信,行必果"、"君子一言,驷马难追",是我们从古人那里传承到的做人的基本准则,而且男孩长大后要想事业有成,就必须具备诚实守信的品德。那么如何才能让孩子不撒谎呢?

做一个诚实守信的妈妈

父母的言谈举止是孩子模仿的对象,如果妈妈不想让男孩撒谎,自己首先要做到不撒谎,否则,不仅会将妈妈在男孩面前的威信毁掉,孩子自己也会养成撒谎的习惯。

满足男孩的合理要求,或说出不满足的理由

对于孩子的要求,妈妈要让孩子说出理由,并认真考虑,如果确实是孩子需要的,那就要满足他,这样孩子再有要求时,他就会通过正面的方式来表达。如果妈妈认真考虑了孩子的要求,觉得不能满足时,一定要告诉孩子理由,如果孩子有一支或两支同类型的玩具枪,却还要再买时,妈妈可以说:"你有了同样的枪,它们虽然外形不同,但功能是一样的,所以我不同意买。"有理由的拒绝,孩子比较容易接受。

让孩子为自己的食言而道歉

当孩子不得不食言而失信于人时,妈妈一定要让孩子向对方道歉,并说明缘由,这不仅能获得对方的谅解,也能让孩子体会到许诺是一件很重要的事,他下次许诺前就会慎重考虑了。

营造一个温馨的家庭环境

孩子天性是善良的,他也不愿意为自己闯祸而撒谎,然后承受撒谎后的内

心折磨。所以,妈妈要在家中营造一个温馨的环境,当孩子闯祸后,他可以告诉妈妈,妈妈和他一起想办法来补救。如果能这样做,又有哪个孩子乐意去撒谎呢?

第36招 把男孩培养成一个正直又懂变通的人

杨旭和妈妈坐在拥挤的公交车上。由于闷热、疲累,妈妈快要睡着了,而杨旭却在东张西望。突然,他看到一只手拿着镊子伸进了一位老奶奶的衣袋。杨旭随即大喊一声"小偷"。妈妈醒了,紧紧拉住他。车厢里的人拽紧自己的包后眼睛都望向了杨旭,而小偷早就缩回了自己的手,并且在下车的时候狠狠地瞪了杨旭一眼。杨旭既为自己得意,又有点后怕。

男孩的秉性是喜欢竞争,喜欢冒险,他们富有攻击性,但又喜欢主持正义。这种特性让大多数男孩能不为利益所驱动,不惧怕威胁,勇敢接受挑战,去做他们认为是正义的事情。男孩的这种表现如果得到妈妈的正确引导,就会在成长过程中逐渐发展成一种优秀的品质,那就是正直。

正直是男孩一生中必不可少的品质。正直的人有正义感,做事会公平公正,言行举止也会光明磊落,符合社会道德和行为规范的要求。正直具有强大的生命力,美国著名投资商沃伦·巴菲特教育自己的孩子时说:"正直,勤奋,活力,如果你不拥有第一个品质,其余两个将毁灭你。对此你要深思,这一点千真万确。"而且他认为即使因为自己的正直和真诚,一时看不到既得利益,也要坚持这样的做人标准,不能有丝毫的动摇和改变。

但是,我们都担心自己的孩子因正直而得罪人,因正直而受到伤害,这种事例在现实中也确有发生。如,有人在歹徒抢劫时挺身而出,却因势单力薄而被歹徒砍伤。如果我们因为这种现实情况的存在,而不培养男孩正直的品质,那对男孩来说是更大的损失,这将导致男孩在人生的航程中失去正确的前进方向。所以,妈妈一定要培养男孩正直的品质,为他的未来和社会负责;但同时还要教男孩学会变通,变通不是圆滑,而是让男孩懂得保护自己。那么,我们怎样做才能达到这种目的呢?

对男孩的正义行为给予肯定和鼓励

如果男孩看到弱小的孩子受到欺负时，他挺身而出去制止；如果男孩看到小偷行窃，而大声呼喊"抓小偷"；如果男孩看到欺骗行为而大声指责……这都是男孩正义感的体现，对此，我们一定要给予肯定和鼓励。我们的肯定和鼓励让男孩感觉到他的行为是正确的，那他以后就会继续进行正义的行动，从而养成正直的品质。

和男孩探讨周围发生的事，将正直的观念传达给他

我们的社会生活中总发生各种各样的事情，其中有些事情需要我们做出正确的选择，如面对小偷行窃，我们要做沉默的大多数，还是勇敢站出来；又如，社会中通过行贿来获得进一步升迁的现象，对这种现象该如何看待；再如，对一个人做事情的方法有意见，我们是当面指出，还是背后指责……这些问题都与正直做人相关，所以，我们可以将这些问题摆出来和男孩一起探讨。通过探讨，不仅能了解孩子的想法，还能将正直的观念传达给他，引导他做一个正直的人。

教男孩在危急关头冷静思索

我们想要男孩成为一个正直的人，不仅他自己要行得正、走得端，遇到不公正待遇甚至偷盗、抢劫等现象也要敢说敢言敢反抗，可这样做，孩子难免会得罪一些人，甚至可能遇到危险。为了让孩子学会保护自己，我们还要教孩子危急关头保持冷静，尽快想出安全可靠的方法来解决问题。如遇到抢劫，孩子不要急于挺身而出，而是要先拨打110报警；在公交车上看到小偷行窃，可以想办法引起被偷之人的警觉，从而阻止行窃等。孩子的这些行为既能表现出自己正直的一面，又能保证自己不受到伤害，是两全其美的做法。

第37招 教男孩懂得每天反省自己，不断进步

一个人最大的敌人不是别人，而是自己。因为人们很难认清自己，所以，

人们需要自我反省。反省，是个人站在自身以外的角度，对已经发生了的事情进行反思。想一想自己为什么这样做，如果换种方式，又会怎么样，自己是不是有做得不对的地方，以后应该怎么做。通过反省，人可以获得道德上的日益完善，可以获得学业、事业上的更大成功。

古今中外很多名人都非常注重反省。古希腊著名学者苏格拉底认为："未经自省的生命不值得存在。"《论语》中也记录了曾子自省的言论："曾子曰：'吾日三省吾身，为人谋而不忠乎？与朋友交而不信乎？传不习乎？'"曾子反省的虽然都是生活琐事，但由于持续不间断地自我反省，使他最终成为一个道德、知识都获得巨大提升的贤者。

反省虽然是一种提升自己、使自己不断进步的良好品质，但并不是任何人都能做到每天反省自己，尤其是孩子。所以，我们要教男孩懂得每天反省自己，促使他不断进步。

睡前和孩子一起反省

俗语说："静坐常思己过，闲谈莫论人非。"每天晚上睡觉之前，我们可以和孩子一起坐在床上，让孩子简单地回顾和反思一天的活动，并让他说说自己什么事情做得比较好，什么事情做得不好，对于做得不好的事情，是否有更好的做法等。当然，妈妈自己也要回顾和反省，内容可以是工作、情绪、人际关系等各个方面。

在睡前反省时，妈妈不能敷衍，否则男孩就不会慎重对待，其结果就是不能将睡前反省坚持下去。所以，妈妈要以身作则，用真诚、认真的态度表示对此事的重视，以影响孩子。

给男孩一段时间让他反省

周末，李诚跟妈妈去姥姥家。在姥姥家，李诚看见舅舅吹口琴。一个长条形的东西在嘴上移来移去就能让人听到优美的乐曲，这可真是神奇。李诚被迷住了，舅舅吹完就把口琴递给李诚让他玩儿。

该回家了，李诚实在舍不得放下口琴，就趁人不注意将口琴装在自己的书包里带走了。回家后没多久，舅舅给妈妈打电话说口琴不见了，妈妈只是说"知道了"，也再没说别的。

第二天早上上学之前，李诚想对妈妈说什么却也没说出来。放学一回家，他就鼓足勇气对妈妈说："妈妈，舅舅的口琴被我拿回家了，我知道我错了。"妈妈听后不仅没有批评他，反而高兴地说："我等的就是你这句话，妈妈相信你会反省到自己的错误的。"

男孩成长的过程中，难免犯这样那样的错误。看到孩子犯错误，有些妈妈似乎什么事情也没有发生一样，一如既往地对儿子很好。其实妈妈这样做的时候，她心里也知道儿子在承受着内心的煎熬，这个煎熬的过程就是反省的过程，只有经过反省，男孩才能真正认识到自己的错误。而有些妈妈就要求孩子马上承认并改正错误，这其实是跨越了孩子反省的环节，他虽然承认了错误，但往往是迫于妈妈的压力，未必真的意识到自己错了。所以，对于做错的事，妈妈要给孩子一段时间让他反省，这是让他自我反省的一个好机会。

❖ 让男孩总结经验教训 ❖

成功和失败虽然是一个结果，但导致这个结果的却有很多因素。如果及时分析做这件事的过程，就能总结出成功的经验、失败的教训，这些经验、教训能给我们以指导，促使我们获得下一次的成功。其实，总结经验、教训的过程就是一个反省的过程，经常总结经验教训就是不断地自省。所以，妈妈一定要让男孩总结经验教训。如男孩和别人打架了，让他反省打架的原因、过程，思考如何和平解决问题。在总结经验教训时，妈妈可以辅助分析，但主要工作还是要让男孩自己来做，否则就是越俎代庖了。

第38招　让男孩从小就知道"知耻近乎勇"的道理

周六下午，小刚和朋友在小区的一块空地上踢球。小刚决定射门。他飞起一脚，球没踢进球门，却挂在了不远处的一棵树上。小刚站在树底下发呆，不

第四章 好妈妈不吼不叫，心平气和教男孩做人

知道怎么办才好，朋友们怂恿小刚爬到树上去拿，可是小刚害怕摔下来。正在他们手足无措的时候，小刚的妈妈正好路过，了解了这件事，她观察树不是太高，小刚爬上去不会有什么危险，所以她鼓励小刚勇敢一些，爬到树上把球拿下来。

对于男孩，妈妈会在鼓励他走夜路的时候说"你要勇敢一些"，会在鼓励他爬险峰的时候说"你要勇敢一些"，会在让他独居一室的时候说"你要勇敢一些"……这是我们对"勇"的一种普遍理解。而在数千年前，孔子认为"知耻"也是"勇"的一种表现。

"四书"之一的《中庸》中有这样一句话："子曰：'好学近乎知，力行近乎仁，知耻近乎勇。'"为什么会"知耻近乎勇"呢？人都容易犯错误，也比较容易承认错误，但最难的是去改正错误。如果一个人知道羞耻，他就会直面自己的错误，并通过改正错误来战胜自我，这当然是"勇"的表现了。一个人要体现这种程度的"勇"，其前提就是"知耻"，即有羞耻心。

羞耻心是一种人类普遍共有的道德情感，它是一个人做了一件不道德的事，或者有了不好的想法后，他又想到自己将因此而受到人们谴责，这时，他会对自己不满，感到对不起别人，他会感到痛苦，这就是因羞耻心引起的羞耻体验。一个有羞耻心的人，他能在不良想法、愿望出现后及时约束自己；一个有羞耻心的人，他能在做了不道德的事后痛改前非。所以，前苏联教育家苏霍姆林斯基说："羞耻心——这是对于可耻事物的一种强有力的抗毒剂，是义务感和责任心的道德情感的支柱。"英国著名教育家洛克也说："只有出自衷心的羞耻心与不愿见恶于人的畏惧心，才是真正的约束。"

作为妈妈，我们一定想让男孩的行为都在道德约束的范围内，最好的方法就是让他懂得"知耻而后勇"的道理。

保护好男孩的羞耻心

奥地利心理学家弗洛伊德说："人的羞耻心理既有先天的，又有后天的。前者来自于性意识，后者则与道德有关。"就道德意义上的羞耻心而言，孩子3岁

左右，就会出现做错事后脸红、低头不语、逃跑躲藏等表现；5岁左右，他们做错事后，就会因内疚、羞愧而感到痛苦。所以，孩子都是有羞耻心的，至于长大后是否"知耻"，关键在于妈妈是否很好地保护了他的羞耻心。如，孩子把幼儿园的玩具拿回了家，妈妈假装没看到，那孩子可能就会将更多不属于自己的东西搬回家。相反，如果妈妈批评他这种做法，并说"让老师知道，多羞啊"，这就是在保护孩子的羞耻心。

让男孩的羞耻心得到深化

董斌上小学五年级，他在期末考试前一天放学时将同班的姜帆撞倒了。姜帆脚部严重受伤，不能参加考试了，这正是董斌想要的结果，因为他嫉妒姜帆总考第一名。

妈妈刚开始以为董斌是不小心撞人的，可当她知道董斌是故意的后，非常生气地骂道："你怎么能以这种方式去竞争呢？你这种做法不仅伤害了姜帆的身体，也会伤害他的心理，更会让他的父母伤心难过。你伤害了这么多人，我真为你感到羞愧……"一向温和的妈妈这次反应这样激烈，董斌知道自己错得很严重，他在妈妈的带领下去向姜帆道歉，妈妈也代他支付了姜帆的医药费。从此之后，他再也没做过这样的事。

"亚圣"孟子说："耻之于人大矣。"朱熹则进一步认为："（耻）存之则进于圣贤，失之则入于禽兽。"可见知"耻"对一个人的意义至关重大。由于男孩的羞耻心最初只是一种自发的反应，随着他的成长，妈妈应该让他的羞耻心不断得到深化。如，男孩做了什么违反道德的事情后，妈妈的反应要稍微激烈一些，这样男孩才知道约束自己，才能痛改前非。

第五章　好妈妈不吼不叫，培养独立的男孩

其实男孩本身也是渴望独立的，在他的内心，成为一个真正的男子汉才是他最想要实现的梦想。我们往往认为，对调皮的男孩就该严厉一些，但严厉并不是吼叫的代名词。我们应该学会用平静的心态与平和的语调对男孩进行教育，让他自然而然地学会独立。

第39招　放手，让男孩打理自己的生活

许多男孩在家中都是独子。对家中这独一无二的宝贝，我们对他的纵容可能会更多一些。尤其是在生活方面，我们更多的可能是替他打理、帮他打理，至于让他自己动手，从感情上我们不忍心，从个人意愿上我们更愿意自己亲自做。

小天12岁了，上小学五年级。每天早上，妈妈都要叫他起床，帮他穿衣，替他叠被子，给他整理书包。有时候吃早饭，妈妈甚至会嫌小天吃得慢而喂他。

小天有时候也会自己动手，但是妈妈一看他穿衣服磨磨蹭蹭的样子就着急，一着急就吼道："快别磨了！把衣服给我！"要么就是看他收拾书包弄得乱七八糟、丢三落四，她也忍不住就嚷开了："哎呀！你快放下吧！看这拾掇得一团乱！"一连几次都听到妈妈的斥责，后来小天再也不自己动手做事了，他将自己的生活完全"丢"给了妈妈。

曾经有一位报社记者对近百名中小学生父母进行过一次调查，内容就是关

于生活自理能力的。结果100%的父母在接受调查时表示,"的确应该从孩子小时候起就培养他的自理能力",但是记者在和这些父母交流之后,却又发现,有63.2%的父母在平时的生活中并不会真正放手去培养孩子这方面的能力。

很多妈妈都认为,男孩子在打理生活方面不如女孩灵巧,我们帮忙也是迫不得已。可我们不能一直这样替男孩做所有的事情,也不能一直抱有"男孩不行"的错误想法,他必须要学会打理自己的生活。

丢掉"男孩本来就邋遢一些"的认知

"男孩子嘛,本来就邋遢一些",似乎许多妈妈都有这样一种认知。男孩调皮、爱动,所以他会不顾及衣服的脏净,可能也不会考虑屋子是否整洁。我们将这些归结为男孩的天性,于是便也纵容了他。可一旦男孩的衣服太脏了、屋子太乱了,我们却又会以吼叫来表示我们的不满甚至认为他不尊重我们的劳动。

仔细想想,如果我们从一开始就没有"男孩邋遢"这种认知,从一开始,我们就教育男孩要知道自己的事情自己做、保证自己衣物的整洁、保持屋内的良好环境,那么男孩也一定会养成好习惯的。所以,我们该丢掉这种错误的认知,即便是调皮的男孩,也应该多注意整理自己的仪容,也应该注意保持居住与学习环境的整洁。

不要因为男孩的笨手笨脚而大发雷霆

男孩做精细动作的能力不如女孩,也不如女孩那样细心。而且,男孩对于打理生活这样的事情,可能只在开始时觉得好玩,一旦没了兴趣,他就会觉得这种事情非常无聊,再做起来就不认真了。有的男孩还非常粗心,不管做什么都是随便糊弄。身为妈妈,我们希望男孩能够自立,但看到他"笨手笨脚"的样子,我们还是会忍不住发脾气。

不过,直接训斥、吼叫却会使男孩强烈的自尊心受到打击,他也许更不愿意好好做事了,甚至更不愿意去动手了。所以,对待男孩,我们需要耐心,在教他做力所能及的事情时,我们的身教与言传都要跟上,而且也要允许男孩犯

错。我们要肯定他做得好的地方,他做错时要么再教一次,要么鼓励他重来。

给男孩打理自己生活的机会

有的妈妈只要看见男孩做得不好或者不会做时,就会表现得无比烦躁,一边训斥男孩,一边自己做完所有的事情。但我们为他做好了,他就没有机会自己去做了。

也就是说,我们该给男孩打理自己生活的机会。此时我们应该彻底放手,就拿整理床铺来说,我们教会男孩如何整理之后,剩下的如何叠被、放置枕头、整理床单等事情,就要让他自己来完成了。在这个过程中,我们不能讽刺、不能挖苦、不能批评、不能命令,放手就是完全给男孩一个自主决定与行动的权利。我们要做的是对他整理的结果给予指导。

第40招 懂得多给男孩一些信任与理解

"男孩太调皮",我们对这句话几乎有着本能的肯定。我们认为男孩的世界里只有玩,尤其是年幼的时候,他的生活几乎处处都可能与玩儿联系到一起。而在望子成龙的我们看来,爱玩的男孩就是不值得信任的,因为他贪玩所以他少学很多东西,因为他调皮所以他不大可能成大事。但我们有没有想过,就连与他最亲近的妈妈都对他不信任、不理解,他又怎么可能会有自信?至于学会独立,也许就更无从谈起了。

那么,我们该如何给男孩信任与理解呢?

学会估量男孩的能力

如果我们不了解一个人,那么我们对他一定会心存怀疑。所以,我们该学会去估量男孩的能力,只有对他的能力水平与能力范围做到内心有数,这样当他再去做任何事情时,我们就能有一个信任的依据。

我们在平时要留心多观察男孩的各种能力——学习能力、交往能力、动手能力等等,及时发现他薄弱的环节,看看是否能通过自己的努力进行弥补。而

且，我们对男孩的"了如指掌"，还能帮助他更好地认识自己，使他学会进行自我估量，帮他建立起自信来。

不要将所有的错都归结到男孩头上

在很多妈妈看来，一旦家里出现什么"祸事"，比如花瓶碎了、书柜乱了，一定是自己家里那个"调皮捣蛋鬼"做的。而一旦学校老师打来电话，我们也会"本能"地认为一定是我们的男孩做错了事情、闯了祸。

可我们怎么就那么肯定呢？虽然男孩的确调皮，但我们也不能将所有坏事都"扣"在他头上。对男孩来说，此时我们的信任是最重要的。如果男孩真的没有犯错但我们却一口咬定就是他的错，也许他内心叛逆的种子会突然"发芽"，可能他今后就会变得自暴自弃。

所以，无论发生什么事，我们虽然生气，但与男孩的基本交流还是要有的。而且，我们也不要一上来就问他"是不是你干的"，而是要缓和一下语气，用一种随意、商量的口吻来和他对话。如果他说不是自己做的，我们就不要再去追究了；如果他承认了错误，在批评过后我们也不要斤斤计较，要认同他的悔过心。

尊重男孩的选择

很多时候，男孩的选择并不是我们最喜欢的，所以我们才不愿意他去做，更不相信他能做好；很多时候，男孩也许作出了一个错误的选择，但他自己不知道，我们却认为他是在明知故犯，所以对他开始吼叫，认为他学坏了。

随着男孩慢慢长大，他会渐渐有自己的思想，某些事情上他也会有自己的见解。我们该冷静下来，通过沟通让他说出自己的想法，听他讲讲之所以这样选择的理由。虽然男孩有鲁莽的一面，但有时候他也需要大胆地去挑战。

对于他的选择，如果是正确的，我们就应该支持，即便我们自己不喜欢，也应该尊重他，允许他去尝试；如果他选择错了，我们也要尊重他，简单直接地给他讲清楚为什么这个选择是错的，总要好过我们不分青红皂白地一顿训斥。

适当体谅男孩的心情

男孩语言的发育普遍缓慢,很多时候,有些话他不愿意说,或者干脆就是说不出来。这时,我们可能觉得男孩这种"沉默"的态度是在和我们对着干;或者我们觉得他那种不正常的烦躁表现就是在给我们添乱。

男孩的情绪表达很少通过语言传递出来,他可能会通过行为、表情等来显露自己的情绪。如果我们忽略了这一点,只是一味地凭借我们的一己判断就下结论,很可能会伤了男孩的心。这样他不但学不会独立,反而会变得孤僻、叛逆。

所以生活中我们要细心一些,对男孩的情绪变化要敏感一些。如果男孩变得沉默、忧郁,我们也不能着急地催问,可以先给他一个情绪缓冲的时间,然后再用平静的语气通过"旁敲侧击"式的聊天来引导他说出内心的苦闷或委屈。我们对他情绪的理解,将会使男孩感受到温暖,也许会成为他向我们敞开心扉的绝好契机。

第41招 鼓励并充分尊重男孩发表自己的见解

男孩的生理特点决定了他的话不会很多,但这并不代表男孩没有自己的想法,更不代表他对某些事情没有自己的见解。其实,很多时候,男孩都很想让我们了解他的想法,我们只需要对他的话给予充分的鼓励与尊重就好。

鼓励男孩多思考

我们以为男孩除了玩还是玩,调皮捣蛋才是他的强项。可事实上,更擅长逻辑思维的男孩,往往会通过分析、判断、推理去思考问题,这使得他看问题会更深入。所以,我们应该鼓励男孩对某些问题多进行一些思考,使其能逐渐理解自己内心的想法,并慢慢产生发表自己见解的欲望。

当然,我们要鼓励男孩多进行一些有意义的思考,适当时候我们可以提示他哪些问题需要他好好考虑,需要他有自己的见解。比如,兴趣爱好方面,他需要结合自身的需求与个性去思考,以"防止"我们"替"他作决定;还比如,

遇到困难时,他也需要多思考,争取找到最快、最直接、最有效的解决方法。

引导男孩说出自己内心的见解

也许是因为男孩语言能力发育比较迟缓,再加上我们经常性地"代劳",所以很多男孩即便是发表自己的见解,也经常会被他人所影响,尤其是老师和我们对他的一些"暗示"会让他很容易就改变自己最初的想法。这样的男孩容易变得盲从、毫无主见,也会给他思维的独立性发展带来负面影响。

因此,我们要正确引导男孩说出他自己内心真正的想法,发表属于他自己的意见。我们需要给男孩创造一个民主、和谐的家庭氛围,使他轻松表达自己的想法。同时,巧妙的引导方法也非常重要。

周末时,妈妈要去看书法展,顺道将冰冰也一同带去了。在展厅里,冰冰东看看西瞧瞧,对有些书法作品表现出极大的兴趣,但有些只是看看他就跑开了。

看完所有展品之后,妈妈问冰冰:"好看吗?"冰冰挠挠头说:"有的好看,有的我都看不懂。"妈妈点点头:"你觉得哪个好看呢?"冰冰想了想说:"方方正正的那几个字写得真漂亮啊!要是我也能写得这么好就好了。"妈妈又问道:"那你觉得其他的字为什么不好看呢?"冰冰说:"有些字看上去好像天书,我都不认识,所以觉得不好看。不过,妈妈,我很好奇那些写得跟天书似的字是什么。以后我们再多看看吧,我觉得书法也挺有意思的。"妈妈笑了:"好啊!有机会了我们再去看。"

这是位聪明的妈妈,她借看书法展这个活动,自然引导冰冰说出自己对书法的见解,虽然他的话很简单,但这却是他自己内心的想法。

用正确的态度去对待男孩的想法

即便有自己的见解,男孩也还不过是个孩子,所以他的某些想法也许是正确的,但也许是幼稚的、无理的甚至就是错误的。

但是,我们不能从成人的角度去判断男孩说的是对还是错,我们要认真听男孩将所有话说完,听听他产生这样想法的原因,更要听听他自己对所见问题

的全面分析。这将有助于我们更好地了解男孩的思想。我们尤其不要嘲笑他幼稚的想法，也不能用成人的思维去衡量他的见解是否可行，更不能轻易训斥他错误的认知。至于大吼大叫，那是绝对不行的，否则男孩可能会因此而不再发表自己的见解。

第42招 有意识地让男孩吃点苦，经历风雨

"现在的孩子最不能吃苦了"，我们很多人可能都有这样的感觉。尤其是现在的男孩子，好像越来越"脆弱"了，遇到问题，他们第一个想到的就是找父母；受了委屈，他们最常见的应对方法就是手足无措……我们对男孩的这些表现也觉得不舒服，于是我们就会在男孩向我们求助时，一边帮他，一边吼他"没出息"。表面看上去，我们既批评了他，又帮助了他，似乎他应该吸取教训。但事实上，我们的帮助会让男孩更不愿意吃苦，以后有一点小苦他可能都会受不了；而我们的吼叫，却会让男孩产生自卑心理，他也会更不愿意去面对任何风雨。

2006年，四川省成都市某中学在初一到高三的6个年级中进行过一次问卷调查，调查同学们心中男子汉的形象是怎样的。其中有几道题是关于同学们身边的男生表现的。结果，有36.79%的同学认为，现在的男生"不能吃苦"。而在男生最缺少的男子汉品质中，"不能吃苦"也位居第一。

看到孩子们自己给出的调查结果，我们可能也很想问：为什么现在的男孩会变成这样？其实我们也都希望自己的儿子成为一个坚强的男子汉，可现在"一家一个孩子"的现状，又使得我们对男孩有太多的溺爱与保护。结果，我们的男孩养成了依赖与坐享其成的毛病，对他来说，吃苦就是最大的"风雨"。

面对这样的情景，我们应该赶快警醒。对于孩子，尤其是男孩子，一定要从小就让他吃点苦，锻炼他，使他拥有坚强的意志品质。今后他的人生将充满更多的风雨，他必须要提前做好一切准备。

别总去安慰遭遇风雨的男孩

人生遇到挫折对任何人来说都是不愉快的事情，我们的孩子还小，所以他的这种不愉快会表现得更加强烈。看到他消沉的样子，我们可能会不忍心，就会忍不住上去安慰他，为他出主意。

偶尔一次安慰可以给男孩带来鼓励，让他不会被挫折所击垮。但如果我们总是与男孩"一起"面对失败，如果我们一看见自己的男孩有困难或受委屈了，立刻就先沉不住气，一边吼叫着他"没用"，一边给予他所有帮助的话，那么他的依赖感会骤升。一旦将来他独自遇到了挫折，一定会因为不知所措而被挫折打倒。

所以我们要适当"冷酷"一些，教他学会该如何应对挫折之后，就要鼓励他自己去面对。遇到事情，我们要给男孩自己考虑的时间，这段时间里我们不要对他过分关注，让他自己去思考。如果他忍不住向我们求助，我们也不要很详细地告诉他该如何做，而是简单提醒他一下，给他一个思考的思路，剩下的事情让他自己去解决。

适当地为男孩"准备不全"

我们总是会给孩子准备齐全所有他需要的东西，无论他的学习还是生活，我们总让他没有"后顾之忧"。可这样的后果就是，男孩会躺在齐全的准备中享受，完全不考虑其他。

我们需要适当地让男孩为了自己去"奋斗"，比如让他为自己创造一个整洁的生活环境，为自己清理出一张供学习的干净的书桌，等等。男孩要养成这种为自己奋斗的习惯，而我们则要从最初的为他准备好一切，逐渐地减少"供应"，让他开始有意识地去面对某些"缺陷"。这样即便将来遇到了因为准备不足而带来的问题，他也会知道该如何应对。

让男孩吃苦也要有度

如果一个人不吃苦，他一旦遭遇"苦"就会被其打倒；相反，如果一个人

总在吃苦,时间久了,他也会因为经常受到打击而内心失去希望。所以,我们这种有意识地让男孩吃苦、经风雨的做法也要有度,要适可而止。毕竟,我们的目的只是让男孩能学会独立。

我们首先要衡量男孩在哪方面需要得到锻炼,然后还要根据男孩的个性特点来为他选择与安排吃苦训练的方式。同时,当男孩自己战胜了困难,我们还要及时给予夸奖与鼓励。

第43招 培养男孩强大的适应能力

每个人从出生时起,就需要适应各种环境:刚来到这个世界上时,人们会通过最基本的感知来适应陌生的环境;稍微长大一些,就要开始适应家庭生活;在此之后,他还要适应学校生活,成年后又要适应工作环境……

当男孩长大后,社会上的种种环境不可能是单独为他设计好的,这时才是考验一个人适应能力强弱的时候。如果一个人适应能力低下,那么他可能会因为无法适应某一环境而变得情绪低落、生活质量下降,更没有办法好好工作与学习。甚至有的人还会因为无法适应社会而逃避自己的责任……

我们都希望自己的孩子可以成为适应能力很强的人,因为只有这样他才不会因为环境或其他方面的不适应而无法更好地学习与工作。

有意识地带男孩多接触一些新环境

新环境会让人有陌生感,甚至有的人还会对新环境产生恐惧感。别说是孩子,有些成年人在面对一个陌生环境时,都有可能出现不知所措的情况。所以,在培养男孩适应能力的时候,我们可以抓住男孩爱玩、好奇心重的天性,有意识地带他多接触一些新环境。

比如,我们可以带男孩去游乐场、公园,在保证安全的前提下,鼓励他自己去探寻感兴趣的事物,同时鼓励他主动与其他孩子接触。如果他遇到什么问题,我们也尽量让他自己与他人沟通解决;或者,我们也可以经常带孩子去串门,引导他认识新朋友,等等。

适当地远离男孩

当人们到了一个陌生的环境时,会本能地去寻找自己熟悉的人或物,这会带给他安全感。我们的男孩还是孩子,因此在陌生环境中,他对我们的依赖性会更强。这个时候,我们应该适当远离男孩,在附近观察,或者在他的确需要帮助时给予简单的提示。当然,我们不能离男孩太远,因为即便是男孩子,我们的离开也会使他从心理上感到孤独与不安。所以,我们试着远离男孩也要遵循循序渐进的原则,让他慢慢地学会依靠自己,并逐渐走向独立。

这个过程也是培养男孩适应力的过程,一开始他一定会不知所措甚至会哭闹起来,此时我们不能急躁,也不能太过心软。要通过一系列的训练,让男孩真正能够独自面对并适应一切。

教男孩学会调节自己的不良情绪

一个人是不是能够适应新环境、新集体,这往往与他的心理素质有很大关系。一个人的心理适应能力,反映的是他面对新环境时的想法、情绪,如果心理适应能力良好,那么他就能理智地控制自己的行为,不会出现排斥他人或其他不良举动。

男孩的思维简单而直接,对于他喜欢的环境他很快就能融入进去,而对于他不喜欢的环境,他可能本能地就产生排斥心理。此时,他的情绪就会发生变化,有的孩子会哭闹,有的孩子会乱发脾气,有的孩子甚至还会去搞破坏。

此时,我们不能因为他哭闹就去吼叫训斥他,反而要更加有耐心,提醒他试着去调整自己的心态。我们可以有意识地带他多去几次他不喜欢的环境,锻炼他的忍耐力,并让他自己想办法平衡内心的厌恶感。我们可以给他提供调节情绪的几种方法,比如看书、多与人交往,或者让他在那个环境中寻找自己感兴趣的事物,等等。

总之,男孩不能总是以自己的喜好来解决问题,他也必须要充分发挥他的逻辑思维能力,通过分析、思考,来帮助自己找到适应任何环境的方法。

第44招 重视培养男孩与他人合作的能力

英国作家塞缪尔·巴特勒有这样的一句话:"不管一个人的力量大小,他要是跟大家合作,总比一个人单干发挥的作用更大。"在现实社会中,合作可以帮助人们更快更好地解决问题,合作也可以使人们取得更大的成功。

但是,现在的孩子大多都是独生子女,他平日里享受了我们太多的关爱,他似乎更喜欢唯我独尊,更喜欢自己出风头。比如,幼儿园的孩子会独占积木玩具,只想自己搭小房子玩儿,不让别人参与;开始上学的孩子则开始"争强好胜",只要自己好就行,并不在乎他人的感受。而且,随着孩子慢慢长大,他也有了自己的思想,他会更加在乎自己是不是更优秀,自私心理会使他只懂得索取而不懂得付出。

很多问题凭借一个人的力量是不可能完成的,因为一个人的能力有限,看问题的角度也很单一,很多地方可能都会想不到、做不到。而如果能与人合作的话,大家集思广益、一起动手,这样就能更好地完成一件事。

我们都希望自己的男孩将来能够有所作为,能够成大事。那么,除了帮助他不断充实自己,我们一定要培养他与别人合作的能力。

鼓励男孩多参加一些集体活动

集体活动是最能培养男孩合作能力的方式,我们要鼓励男孩加入集体,与伙伴们一起行动起来。

我们首先要提醒男孩不能错过班集体的活动,并让他在老师的带领下做好自己分内的事情,与同学们建立融洽的关系。同时,男孩和他要好的伙伴之间也可以组成小集体,也会进行一些小活动,比如一起拼装模型玩具,一起进行小实验,这样的小集体是自由组合的,没有什么硬性规定,所以更需要男孩自觉具备合作精神,否则会使大家闹得不欢而散。另外,我们也要鼓励男孩去参加一些社区活动,让男孩与不同年龄段的人群有所接触,通过向他人学习培养自己的合作能力。

教男孩学会与人分享

合作有一个基本条件，那就是分享。否则，如果集体中的所有人都独享自己的资源，不愿拿来与人共享，那么这个集体永远都是一盘散沙。

我们要提醒男孩，他手中掌握的资料、知识不一定是最全的，别人可能会有他没有的内容，如果他独占自己的那一份，可能他就无法成功地完成任务，他只有与人共享，才能取得最圆满的胜利。同时，我们还要告诉男孩，现在社会追求的是合作双赢，只妄图自己成功的人，到头来往往都会因为孤立无援而被淘汰。

提醒男孩对他的同伴要有起码的信任

信任是合作的基础，同伴间的彼此信任，会让合作变得愉快而顺畅。我们要提醒男孩的是，既然大家已经决定要在一起合作一件事情，那么彼此就应该相信对方的能力，这样他们才能发挥出团队最大的实力，任务的完成质量也才会高。

让男孩感受到合作的快乐

如果我们单纯告诉男孩合作的好处，他也许体会不到。那么我们就让他来体验一下合作的快乐。在家里，我们可以通过全家一起做一件事情，比如大扫除或者采购，让他看到合作的好处；在外面，我们则可以为孩子和他的伙伴们布置一项小任务，比如让孩子们在限定时间内打扫楼道，当大家一起做完这项小任务时，我们可以给他们拍照留念，或者奖励他们一些小零食。

通过这些合作体验，让男孩感受到这种与"单打独斗"不同的快乐，体会这种合作带来的兴奋与愉悦，这将会使男孩更乐于与他人合作；而如果我们再花些心思教他一些合作的小技巧，那么男孩就将更加善于与人合作。

第45招 鼓励男孩积极与困难作斗争

齐瑞参加了学校的手工制作大赛，他想用自己收集的冰糕棍做一艘轮船。

但这件事远没有齐瑞想象得那么简单。他将船体搭好了，却怎么也想不出来船头该怎么做。一时间他犯了愁，有时候写着作业他也会想这件事。

妈妈一连几天看他学习心不在焉，感到有些生气。终于有一天，妈妈再一次发现齐瑞写作业走神了，她大吼道："干什么呢！你要不就写作业，要不就别写！不好好学习，非要整什么模型，净瞎耽误工夫！"齐瑞一听也不高兴了，他皱着眉，作业也写不下去了，模型也没心思做了，内心烦躁到了极点……

能够积极与困难进行斗争，也是一个人独立的重要表现。只不过，我们的男孩现在显然还没有学会"分身术"，一旦遭遇困难，他可能就会和齐瑞一样，将困难与其他事情搅在了一起，最终什么都做不好。

但齐瑞妈妈的这种做法也是不可取的，她这样看似是在劝告，可事实上却是在打击男孩的自信心。其实，我们完全可以这样说："我知道你做模型遇到问题了，不过我觉得你现在还是先集中精力写作业。之后，我可以考虑和你一起研究，或者你也可以让爸爸和你一起想一想。"这样一来，男孩就不会"身在曹营心在汉"了。

因此，要想让男孩学会与困难作斗争，我们靠吼是解决不了问题的。只有让男孩真正学会面对困难，我们才是真的帮助了他。

教男孩学会平静地看待困难

遭遇困难，人们要么会惊慌失措，要么会满怀沮丧，有的人甚至会丧失斗志；但有的人却能平静地分析困难的成因，查找一切可能的突破口。很显然，前者只会成为困难的"手下败将"，而后者却能将困难"擒于马下"。

我们要教男孩学会平静地看待困难，首先当我们自己遇到困难时，就要保持一种平静的心态，我们要有一种积极乐观的态度，不要整天唉声叹气、愁眉苦脸，否则我们的情绪就会影响到孩子。当男孩遇到困难时，有时候要强的他可能会觉得无地自容，我们要鼓励他正视困难，告诉他如果能勇敢战胜困难，他也同样是勇者。另外，我们要帮孩子驱除遭遇困难时的悲观心态，告诉他这

世上没有什么坎儿是人跨不过去的，只要有信心、有能力，他就一定能取得最终的胜利。

让男孩寻找战胜困难的突破口

所有的困难都不是凭空出现的，只要它有发生的原因，那么我们就一定能找到解决问题的突破口。

因此，当男孩遭遇困难时，我们可以提醒他，先找一找他自己身上的原因。男孩需要检查自己哪些地方做错了，是不是哪些地方他理解得不到位，是不是哪些问题他从一开始就没解决好。之后，我们再提醒他检查一下之前做过的工作，看看有没有漏掉什么关键点。如果这些问题他都没有，我们就要让他想一想是不是他自己还有不懂的地方，如果是知识储备不够，我们就要为他提供一些书籍或其他资料帮助他查找需要了解的知识。

另外，我们还要提醒男孩，寻找困难的突破口需要放开眼界，多从各种角度去看问题，更要全面地去看待这个事件。

提醒男孩要正确地向人求助

遭遇困难之后，在那里钻牛角尖可能永远都找不到解决的办法，但如果能正确地向人求助，我们也许就能做到事半功倍。

男孩要记住的是，第一，他不能一遇到困难就去求助，应该先试着自己去解决问题，如果实在没有办法了，再去求助也不迟；第二，他要仔细分析，了解自己遇到的困难究竟在哪里，他不能只笼统地告诉别人"我做不了"，否则别人也无法给予他最需要的帮助；第三，他不能要求别人帮助到底，别人只能提点他一下，一些主要事情他必须要亲自去做，这样他才能积累经验。

我们还需要提醒男孩的是，求助时要有礼貌，态度要诚恳、谦虚。另外，如果他是在校外和家外向陌生人求助，也一定要注意自身的安全。

第46招 教男孩积极行动,拒绝拖拖拉拉

辛辛的妈妈最近很烦恼,因为今年刚上小学一年级的辛辛是个做事拖拉的孩子,不管做什么他都不紧不慢的——起床慢慢悠悠的,穿件衣服光找袖子就得5分钟;吃饭就更慢了,边吃还边东张西望;写作业也是磨磨蹭蹭,就那么几个拼音,他能写一晚上;而出门也是三催四请才能走出去。

妈妈每次都着急地催辛辛,有时候实在急了还大声吼他。但即便挨了骂,辛辛似乎还是没有什么改进。妈妈很担心,以后辛辛的作业会越来越多,要做的事情也越来越多,他总这么慢该怎么得了?

我们可以体会辛辛的妈妈这种焦急的心情,我们一直以为男孩子活泼好动,动作应该灵活,可事实上,很多男孩的行动总是拖拖拉拉的。不过,虽然着急,但我们还是要找对方法,才能使男孩积极行动起来。

适当让男孩承受拖拉的后果

豆豆上小学三年级,作业也不是太多,但他写作业时总是边玩边写,好长时间才写一个字。开始时,妈妈还催促一下,后来有一天,妈妈决定不再催豆豆了。这天豆豆玩得很开心,一直玩到很晚,等他必须要睡觉时,才发现作业还没写完。第二天,没写完作业的豆豆被老师批评了。从那以后,豆豆写作业再也不敢拖拉了。

适当让男孩承担拖拉的后果,就是让他看到拖拉给他自己带来的影响,当他对此有深刻体会之后,他也许就能像豆豆这样有所改变。不过,我们不能总让男孩去承担拖拉的后果,时间长了,他会觉得拖拉无非就是受老师、妈妈一顿批评而已,也没什么大不了的。一旦产生这样的想法,他可能反而会更加拖拉。我们只要抓住几件典型的事情,让男孩产生深刻的印象就好。

不要强迫男孩改变拖拉的习惯

习惯绝对不是一朝一夕就能养成的,如果我们的男孩有拖拉的习惯,那么

我们强迫他必须立刻改掉这个习惯也是不大可能的。我们最好先为他讲清楚拖拉的坏处，比如会耽误宝贵时间，会影响办事效率，等等。然后通过一些诸如限定做事时间等方法，慢慢地帮他纠正坏习惯。

对于爱玩的男孩来说，不让他玩而让他专心做事，他也许会觉得很不情愿，但我们要有耐心。最开始时，可以用奖励来"诱惑"他，随着他慢慢养成正确的做事习惯，奖励再慢慢减少直至不用奖励。

多与男孩沟通，了解他的需求

其实有时候男孩之所以会拖拉，是有一定原因的。有的男孩可能是因为我们忽略了他的需求，他故意用拖拉来引起我们的注意。

比如，他想要和我们说什么事情，但我们没有理他，他也许会借拖拉时间来引起我们的注意；还比如，他遇到了什么困难，但又不好意思对我们说，可又希望得到我们的援助，他也同样会变得磨蹭起来；等等。

我们需要多和男孩沟通，了解他为什么拖拉，如果真的是我们对他的需求没有满足，那么我们就要首先改变自己的态度与做法，满足他内心的需要，之后再针对他的情况"对症下药"，这样才能彻底解决他的拖拉问题。

帮男孩树立起时间观念

男孩的时间观念不强，也是他不自觉就开始拖拉的原因之一。比如，吃饭前他在玩模型，到了吃饭时间，我们怎么催他都不来吃，吃饭的时间被一拖再拖。针对这种情况，我们在他开始玩之前就要告诉他，"你只能玩20分钟"，或者告诉他"一旦我说开饭了，你就要立刻放下手中的玩具"，同时我们还要提醒他，"如果你过了时间不来，我们就不再催你，到时候你没饭吃不要抱怨"。

当我们说出这些规定之后，我们和男孩都要认真执行，我们不能先心软破坏了规定，一定要说到做到。通过这种办法，我们要帮助男孩慢慢养成按时完成任务的习惯。

第47招 把男孩当"强者"看，他就是强者

一位妈妈讲了这样一件事：

那天我下班坐公交车回家，看见一位妈妈领着一个大约5岁的小男孩上了车，车上有人立刻站起来让座。但那位妈妈却连忙摆了摆手说："您坐着好了，他已经5岁了，完全可以自己站稳了。"小男孩听到妈妈这样说，也使劲点了点头，小手抓紧了公交车上那粗大的栏杆，竭力站稳。

当时听了这位妈妈的话，我忽然觉得有些羞愧，想起我带着上小学一年级的儿子坐公交车时，还要求售票员给我们找一个座位，我怕7岁的他挤在人堆里会跌倒。今天我一下子明白了，只要我们做妈妈的将孩子看成是强者，他就会变得坚强勇敢起来。

孩子都希望自己是强者，尤其是男孩子，每个男孩的内心几乎都会有一个英雄情结，他渴望自己也成为一个大英雄。如果我们能"顺应"他的渴望来看待他，那么他的所作所为就会向英雄靠拢。

不过也许有的妈妈会说了，孩子本身就是弱小的，非要把他看成是强者，这不是助长他的虚荣心吗？而且如果他做不到，我们还说他是强者，这不也是在对他撒谎吗？其实不然，面对孩子，我们需要有一定的智慧，我们的做法既要能给男孩带来希望，又要能让他通过自己的努力真正变得强大。

✿ 相信男孩能做好力所能及的事情 ✿

男孩要成为强者，首先就要做好自己身边的事情，而我们则要相信他能做好这些事。比如，当他想要自己整理房间时，我们不要以不信任的眼光看待，而是要肯定他的行为。有的妈妈还会觉得男孩做这些事情就是在逃避学习，其实，这与男孩的学习无关，这只是他自理能力的一种体现。

同时，当男孩想要帮助我们做一些事情时，我们也要适当地表现得"弱"一些。我们可以说"那太感谢了，我正好做不来这么多事"，我们这样的说法

会激起男孩内心的"保护"欲望，他就会更加干劲十足。而且，我们的信任也会让他将事情做得更好。

适当为男孩布置一些带"挑战性"的任务

这里我们所说的挑战性，不是指要男孩去做他不可能完成的任务。我们首先要了解男孩真正的实力与能力，然后为他布置一些之前他没有做过又能帮助他提升能力的"任务"。

比如，原来男孩从来没有自己去超市买过东西，我们可以给他钱，给他一个购买清单，让他帮我们去超市采购生活必需品。在这个过程中，男孩的勇气、对钱的使用能力、与人的沟通能力等等各方面都能得到锻炼。在男孩顺利完成任务之后，我们要及时给予表扬。不过如果他并没有完成这个小任务，我们也没必要因此就认为男孩"不成气候"，更不能说他是个"胆小鬼"，这样的话会使男孩变得越来越没有自信。一次不行就来两次，我们要给男孩学习的机会，或者我们也可以适当降低任务的难度，让男孩不断"挑战"自己，我们对他的信任是他最好的动力。

不要让男孩只做学习上的强者

孩子的学习是我们最操心的，由于男孩的生理发育特点，可能他在某一个年龄段里的学习成绩是比不上女孩的；还由于一些其他原因，可能男孩的学习成绩并不如我们期望的那样好。因此，我们可能会不断地督促他、苦口婆心地教育他，但不知不觉之间，我们却忽略了对男孩其他方面能力的培养。

真正的强者绝对不仅仅是学习成绩好而已，他还需要具备各种各样的能力，他应该成为全面发展的人才。我们不能忽略男孩任何一面的发展，否则缺失的那一面有可能就会成为他的弱项，从而影响他的整体发展。

第48招 教男孩勇敢并不等于让他去冒险

我们都希望男孩能成为勇敢的人，但他有时候却会将这种希望理解得过于

简单,认为只要他敢于去做事,无论是什么事,只要做了就是勇敢的。这种过于简单的认知,会让男孩的勇敢行为变了味道。

小东经常在小区里与伙伴们一起滑轮滑。这段时间小区里正在翻修道路,妈妈提醒他要远离翻修工地。

有一天,小东的一个同伴提议说,看谁不怕摔到,敢从工地的碎石中间滑过去。为了不让同伴们说自己是"胆小鬼",小东不顾妈妈的提醒也去了。但他刚一进工地就被地上的碎石绊倒了,额头磕在地上破了一个小口子。几个伙伴一看小东"负了伤",也不敢在工地里玩了,连忙都跑了出去。小东捂着额头回到家,妈妈真是又气又疼,连声嘱咐他说:"你这是在冒险,才不是勇敢!这回可记住了吧!"

小东只不过是为了"不丢面子"才做这样的事,显然与勇敢根本不沾边。我们需要提醒男孩,勇敢并不等于冒险,如果盲目冒险,受伤害最大的只能是自己。

帮男孩区分冒险与勇敢

冒险,就是不顾危险地进行某种活动。而勇敢,则是人们有勇气做成一件非常不容易的事情。乍看上去,冒险与勇敢有一定的关联。而还很小的男孩,很可能就会混淆这两个概念。他也许会为了表现自己的勇敢而做出一些危险性极大的活动,而这些活动甚至有可能会威胁到他的生命。

我们需要将这两个概念用浅显易懂的话语讲解给男孩听,如果有现成的故事书,我们可以将描述勇敢和冒险的故事讲给他,提醒他什么才是真正的勇敢,让他不要盲目冒险。

提醒男孩不要逞能

很多男孩小时候可能都有类似这样的"攀比",比如,比谁爬树爬得高,比谁翻墙翻得快,比谁敢去捅马蜂窝,比谁敢去摸大狼狗,等等。认为谁敢去做一些很危险的事情,谁才是最勇敢的。

大部分男孩好胜心强，而且又好面子，他不会容许别人看扁他，更不好意思说自己"不敢"。于是，很多男孩为了不切实际的面子，去完成不可能完成的"任务"，也不管这之后会给自己带来怎样的后果。所以，我们要提醒男孩，逞能只不过是匹夫之勇罢了，并不能给他带来什么荣耀，谨慎行事才是勇者所为，千万不能因为一时的"面子"而使自己受到不必要的伤害。

让男孩做事前要有详尽的考虑

男孩的冒险行为有时候只是一时的冲动，因为事件本身的刺激早已吸引了他全部的注意力，他更关心做这件事情是不是好玩儿，至于其他的他也就不再考虑了。而冒险所带来的后果却又经常会让他感到追悔莫及。

所以，当男孩要做一件事时，我们应该及时帮他先冷静一下头脑，向他提几个问题，让他对所有情况有一个大致的考量。比如，我们可以问他为什么要做这件事，做了这件事会给他带来怎样的后果，这件事又会给他人带来怎样的影响，等等。我们要培养男孩自主考虑的习惯，这样就能从根本上避免他出现莽撞行为，使他不会因为盲目冒险而留下遗憾。

告诉男孩要从内心勇敢起来

在很多男孩的认知中，勇敢就是"敢于做某些事"。但我们要帮他"拓宽"这个概念，勇敢不仅仅是行为上的敢于做某些事，一个人内心的勇敢要比行为上的勇敢更重要。比如，男孩敢于在众人面前发表自己的意见，能够果断地在某件事情上作决定，勇敢地承认自己犯下的错误并积极地去改正等，这些都是更为可贵的勇敢行为。

男孩要明白，只有从内心勇敢起来，他就不会只凭头脑发热去做了。他会有更为严谨的思考，他的行为也会受到内心的约束。而且，一个人只有从内心真正勇敢起来，我们才能说他是一个真正的勇者。

第六章
好妈妈不吼不叫，培养男孩的领导才能

大多数男孩对当领导有很强烈的兴趣，而这正好可以促进男孩领导才能的培养。是否拥有领导才能不仅关系着男孩能否拥有一个不错的学习生涯，而且还关系着他未来人生的方向。因此，在男孩小的时候，我们就要培养他的领导才能。

第49招 培养男孩领导才能第一步——自我管理

作为一个领导，必须具备自我管理能力。因为，领导者只有严格要求自己，并以身作则，才有资格和说服力去要求别人做得更好。可以说，培养自我管理能力是培养领导才能的第一步。

所谓自我管理，就是一个人对自身，对自己的目标、思想、心理和行为等等表现进行的管理，自己把自己组织起来，自己管理自己，自己约束自己，自己激励自己。

有的妈妈可能会认为，孩子还这么小，不用急着培养他的自我管理能力，等到他当了领导，再去培养也为时不晚。其实不然，任何一种能力的培养都是越早越好。因此，在男孩小的时候，我们就应该去培养他的自我管理能力。

男孩拥有了自我管理能力，就能独立去生活，安排好自己的生活；他做任何事情都有自制力，不容易受到外界因素的干扰；他遇到困难、挫折，也会勇敢地去面对，并积极地去化解问题；他能控制和管理自己的情绪，更容易体会他人的感受……

可见，一旦男孩具备了自我管理能力，所有的教育将会得到良好的效果。因此，我们一定要及早培养男孩的自我管理能力，让他做自己的主人。

给男孩自我管理的机会

一位妈妈无奈地说："我的孩子自我管理能力实在是太差了，每次都是我命令他去做，而且还得像监工一样去看着他，不然他是不会好好做的。如果他没有做完这件事情，我就不许他做其他事情。即使我这样管他，他也没有什么改变，这可怎么办呢？"

从这位妈妈的话语中，我们可以看出，她就像一个警察一样看管着男孩。那么，这样的管教方式是否有效果呢？答案是不会！因为，男孩长期根据我们的命令行事，这只是"被管理"，而无法让他主动养成良好的自我管理能力。

其实，我们要想培养男孩的自我管理能力，不要凡事强制他去做，而是要适当放手，给他自我管理的机会。所以，我们不要事事都帮男孩安排好，而是要引导他自己去思考应该如何去做，让他学会自己管理自己。

教男孩学会管理自己的生活

能否在生活中管好自己，这是自我管理能力中首要的一点。试想一下，如果男孩无法管理好自己的生活，他又怎能管理好其他方面的事情呢？因此，在男孩成长的过程中，我们要让他自己安排自己的生活，让他自己动手做应该做的事情。

我们可以根据男孩的年龄等具体情况让他适当安排自己的生活，比如，年龄小的男孩，可以自己洗漱、穿衣，可以自己收拾玩具；大一点的男孩，可以自己铺床、叠被子，可以收拾书包；再大一点的男孩，他可以自己洗衣服、做饭，可以收拾房间……

教男孩学会控制自己的行为

控制自己的行为是一种能力，它能帮助一个人保持进取心，学会管理自

己,以积极的心态和饱满的精神去追求自己的理想。男孩能够控制自己的行为,就能保持良好的人际关系,就能懂得有所为与有所不为的道理;相反,男孩不能控制自己的行为,就容易受外界的干扰,就会盲目行事,也很难做好与自己的发展密切相关的事情。

我们要教男孩控制自己的行为,就需要给他建立一个是非、好坏的标准,让他明白什么事情可以做,什么事情不可以做。比如,进别人房间要先敲门;未经允许不可以随便拿别人的东西;等等。

需要注意的是,在管教男孩的过程中,我们要把对他外在的约束力转化为对他的内在要求和自觉行动力,也就是让他从他律变为自律,这样才有利于培养他的自我管理能力。

第50招 教男孩学会与人交往,建立强大的人脉关系

在当今社会中,谁也不可能离开周围人而单独生存。言外之意就是,每个人都需要与人交往。因为,每个人都需要从他人身上学习知识和经验,只有通过彼此的沟通与合作,才能更好地完成每一件事情。

著名成功学大师戴尔·卡耐基曾经说:"一个人事业上的成功,只有15%是由于他的专业技术,另外的85%要依赖人际关系、处世技巧。" 由此可见,人际关系的好坏对一个人的发展有很大的影响。

然而,现在一些的男孩的现状却令人担忧。由于现在的男孩大多都是独生子,缺少与他人交往的机会和能力,往往会产生诸如以自我为中心、害怕与人交往、不合群、横行霸道等方面的问题。而这些不仅更加妨碍了男孩与他人交往,而且还直接影响到他良好性格和品质的形成。

因此,我们要教男孩学会与人交往,让他建立起强大的人脉关系。男孩只有具备了与人交往的能力,才能建立和谐、友好的人际关系,才能不断完善自我,才能有助于他未来事业的发展。

给男孩创造与人交往的机会

建明上小学一年级了，性格有些内向，平时除了上学，大部分时间都是一个人待在家里玩。为此，妈妈想了一个办法，决定给建明创造与他人交往的机会。

星期五晚上，妈妈对建明说："明天刘阿姨和他的儿子要来家里做客，到时候还需要你去招待他们呢！"

建明有些担心地说："妈妈，我不行。"

"儿子，你行的，妈妈相信你！刘阿姨的儿子和你一般大，他叫肖强，你就负责陪他玩，好吧？"

建明有些为难地点点头，说："好吧！"然后，妈妈还特意给建明讲了一些待客之道，他学得非常认真。

第二天，刘阿姨和肖强来了，建明又是倒水，又是拿水果，刘阿姨直夸建明是个懂事的孩子。而且，建明还主动邀请肖强到自己的小房间，拿出自己的玩具，一起玩游戏。临走的时候，肖强表示和建明玩得很开心，以后还会经常来找他玩的。

在妈妈的帮助和引导下，建明逐渐习惯和小朋友一起玩了，也慢慢喜欢与人交往了。

为了锻炼建明的交往能力，妈妈在家里为他创造了与人交往的机会，让他充当"小主人"招待客人。建明在自己熟悉的环境中，有妈妈的陪伴，他的内心自然就有安全感。而且妈妈也提前告诉了他一些待客之道，他心里就更有底了，这都为他更好地与人交往创造了良好的条件。

平日里，我们应该尽可能地为男孩打开生活空间，给他创造与人交往的机会。比如，接男孩放学的时候，我们可以让他和同学在学校多玩一会儿；和好友聚餐的时候，我们都带上自己的孩子，让他们一起玩耍；鼓励男孩多参加学校、社区组织的集体活动；鼓励男孩邀请邻居家的伙伴或同学来家里做客；等等。

教男孩掌握基本的交往礼仪

男孩进入到集体生活中，就会涉及如何与同学相处的问题。如果男孩不懂得如何与他人交往，没有掌握一些基本的交往礼仪，就会在集体活动中处处碰壁，也不会受到他人的欢迎和喜爱，更何谈建立强大的人脉关系。

某所小学为学生们制订了一份《交往礼仪八个会》，其内容是：会打招呼、会问候、会微笑、会鼓掌、会道歉、会道别、会道谢、会礼让。这似乎都是一些非常小的事情，但却是孩子应该掌握的基本的交往礼仪。只有掌握了这些基本的交往礼仪，才有可能成为受人欢迎的孩子。

平日里，我们要有意识地教男孩掌握一些基本的交往礼仪，比如，让他学会使用礼貌用语，诸如"请"、"谢谢"、"对不起"等；让他学会遵守集体规则，不能凡事以自我为中心；让他学会礼让，遵守先后顺序，不要和伙伴争抢；让他学会和伙伴友好相处，不随便打人，玩游戏输了也不能发脾气、耍赖……

第51招 鼓励男孩参与竞选班干部，崭露头角

"Y"染色体决定了男孩体内的睾丸素远远高于女孩，由于受体内睾丸素的影响，大多数男孩从小就有当班干部的愿望，都希望可以在班级里崭露头角。

美国作家艾里姆夫妇在《养育儿子》一书中曾写道："走进男孩的世界，我们会发现，在任何场合，男孩最关心的事情都是：谁是头儿？"的确是这样，当男孩走进一个班集体时，他非常关心的一个问题就是"谁是班干部"。而且，男孩对竞选班干部有强烈的兴趣。

一天，12岁的俊逸高兴地对妈妈说："妈妈，我们班明天要竞选班干部，我也想参与竞选。"

妈妈皱着眉头说："你现在都上五年级了，还有一年就要升初中了，学习那么紧张，哪还有闲心去当什么班干部啊！"

"妈妈，我知道您担心我的学习，但是您放心，我会安排好学习和班干部

工作的。"俊逸向妈妈保证道。

妈妈一听就急了:"我发现你就是个官迷,你要是真想当官,现在就应该一门心思学习。我警告你,以后不许提竞选班干部的事情了。"

相信很多妈妈都像俊逸妈妈一样,对男孩竞选班干部有所顾虑,最主要的原因是害怕他因此而耽误学习。但是,我们也不能因此而挫伤男孩竞选班干部的积极性。我们可以提醒他:竞选班干部是件好事,可以为班级做事情,但是,你现在还是个学生,最重要的任务是学习,而且,一个班干部首先要是个优秀的学生。我们这样去提醒男孩,不仅是在鼓励他参与竞选,而且也会让他认真思考和协调学习与班干部工作之间的关系。

事实上,很多出色的领导者和管理者,都曾经担任过班干部。因为,男孩在担任班干部的过程中,可以锻炼自己的沟通能力、表达能力,可以提高自己的统筹安排能力、组织协调能力,也可以增强自己的自信心、责任感和自我约束力。因此,我们要鼓励男孩参与竞选班干部,让他在班级中崭露头角。

培养男孩的各种能力

一位儿童心理学家曾经说:"在幼儿园阶段,孩子能够成为小伙伴们的'头儿',靠的是运气;但在小学阶段,孩子要想在同学中树立威信,靠的却是真刀实枪的'真功夫'。"的确,男孩只有具备一些"真功夫",才能赢得同学的尊重和信任。

其实,这里的"真功夫",就是各种能力。男孩要想竞选或是当好班干部,就要具备各种能力。所以,在男孩小的时候,我们就应该有意识地培养他各方面的能力,为他当班干部提供有利的条件和基础。

比如,我们要培养男孩制订计划的能力,如果老师吩咐班干部计划一次班会,他就要考虑这次班会的流程、安排什么内容、大约开多长时间等等;我们要培养男孩善于组织的能力,如果老师吩咐班干部组织同学打扫卫生,他就要协调安排好每个同学的任务;等等。

在家庭中,我们就可以有意识地培养男孩的各种能力。比如,我们可以引

导男孩制订购物计划，首先分类列出自己需要购买的物品，然后估计一下大概需要多少钱，最后选择去哪里购物。

让男孩学会以德服人

当男孩当上了班干部，其他同学就要听从他的安排，这时候，他很可能会觉得自己很威风，很容易产生不好的行为。比如，命令同学做事情，自己却不做；要求同学做到的地方，自己却没有做到；利用自己的权利欺负其他同学，或为自己谋取私利；等等。这样一来，男孩就很难得到同学的尊重和信任，就很容易失去当班干部的机会。

因此，我们要让男孩学会以德服人，使他维护好班干部的地位，使他的领导能力得到锻炼。比如，我们可以给男孩讲一讲古代统治者深得民心的故事，让他从中得到借鉴和学习；也可以给他讲一讲反面的例子，让他从中吸取经验和教训。

第52招 增强男孩的危机意识，提升危机处理能力

一只野猪正对着树干磨它的獠牙，一只狐狸看见了，问道："你为什么不躺下来休息一下呢？现在又没有猎人和猎狗。"

"如果等到猎人和猎狗出现时再来磨牙，那就来不及啦！"野猪答道。

这是一则伊索寓言，它告诉我们一个道理：一个人只有增强自己的危机意识，提升危机处理能力，才能在竞争中做好准备，才能在这个社会上立足。可以说，没有危机意识就会时刻面临"杀机"，而拥有危机意识和危机处理能力才会化险为夷。

我们要想让男孩成为一个具有领导才能的人，就必须培养他的危机意识，让他能够预见可能存在的危机，并及时找到处理危机的措施和方法。有人曾经说："没有危机意识就不能当领导。"危机意识体现的是一种领导的境界和操守，也是很多优秀企业家打开成功之门的钥匙。

联想集团董事局主席柳传志曾经说："我们一直在设立一个机制，好让我

们的经营者不打盹儿,你一打盹儿,对手的机会就来了。"

海尔集团首席执行官张瑞敏的企业生存理念是:永远战战兢兢,永远如履薄冰。

戴尔公司董事会主席迈克尔·戴尔坦言:"我有的时候半夜会醒,一想起事情就害怕。但如果不这样的话,那么你很快就会被别人干掉。"

微软公司前董事长比尔·盖茨经常对微软员工说:"我们离破产永远只有18个月。"

正是由于这些领导人具有危机意识,并时刻给员工灌输危机意识,才使"危机"成为这些企业走向成功的强大动力。无论是一个企业,还是个人,只有具备了危机意识,才会用清醒的头脑去面对危机,并及时处理危机。因此,我们一定要增强男孩的危机意识,提升他的危机处理能力,为他未来走向成功奠定基础。

告诉男孩"生于忧患,死于安乐"的道理

孟子曰:"生于忧患,死于安乐。"的确是这样,恶劣的环境可以激发一个人的忧患意识,他会为了生存而奋发努力;安逸的环境容易消磨一个人的斗志,他最终会在安逸的环境中堕落。

因此,我们要告诉男孩:如果一个人每天沉浸在物质生活的享受中,就不会有危机意识,一旦遇到危机的时候,就会被打倒;相反,如果一个人有危机意识,即使遇到危机也能很好地处理危机。

另外,富裕的物质生活很容易让男孩有优越感,觉得生活中的一切都"得来全不费工夫",那他就不会过多地为未来考虑,自然也就不会有危机意识。因此,我们要让男孩过普通、简朴的生活,让他懂得对自己的未来负责。只有这样,男孩才不至于被安逸的现状所吞噬,才能更好地生存下去。

让危机意识成为男孩的思考习惯

在男孩小时候,我们就应该给他灌输危机意识,让他在心理上对危机有所

认识和准备。除此之外，我们还需要时刻去提醒男孩，从而让他建立起内心的预警机制，让他对危机保持警惕，有助于他在遇到危机时保持冷静的态度，并能够及时按照事先想好的措施和方法来处理危机。也就是说，我们要使危机意识成为男孩的思考习惯，让他凡事要想在前头、做在前头。

比如，我们可以这样对男孩说："你觉得你在班里的成绩能够一直保持多少名？如果同学超过了你，你应该怎样做呢？""你觉得你能一直当班干部吗？如果同学比你优秀，比你有能力，你应该怎样做呢？"这样一来，男孩就会时常思考这些问题，也就会努力思考应对这些危机的方法，就可以防患于未然。

第53招 鼓励男孩要对他人的缺点有包容心

"妈妈，我们班的一个同学有一个非常不好的习惯，就是动不动就爱打人，现在我们都躲着他走。"

"以后别和他玩了，他要是再打你，你就还回去，可不能这样惯着他。"

这位妈妈的处理方式，不仅让男孩越加看不惯他人的缺点，而且还让他学会了以报复的心态去面对他人的缺点，这样既解决不了问题，也不会获得真正的快乐。而且，这样一来男孩无法处理好自己的人际关系，会在集体中处于孤立状态。

我们可以这样对男孩说："他爱打人是不对的，如果你们都不和他玩了，那他不仅改正不了这个缺点，而且也会变得孤独。你们应该包容他的缺点，然后帮助他改正，比如你们可以当面劝说他，也可以向老师反映这个情况，全班同学一起帮助他……"

其实，一个人懂得包容他人的缺点，就是在给自己留余地，因为每个人都有缺点，都需要他人包容。因此，我们要教导男孩，面对他人的缺点，要学会包容和理解，要以积极的心态去处理好人际关系。我们也要让男孩明白，只有拥有包容心，才能赢得更多的朋友，才能让自己的人生路越走越宽。

要懂得包容男孩的缺点

男孩是在不断犯错误和改正错误的过程中进步和成长的，面对他身上的缺点，我们要有一颗包容心，要理解和谅解他。当然，包容男孩的缺点，并不是对他的缺点放任不管，而是在尊重他的基础上，给他一个认识、反省的机会，引导他看到自己的缺点，然后用巧妙的方法帮助他改正缺点。

当我们用一种宽广的胸怀接纳和包容男孩的缺点时，才能心平气和地帮助他改正这个缺点，他才会感受到我们对他的尊重和理解，他的内心会受到自责，他也会感到悔恨，这样就会促使他去改正自己的缺点。

而且，当我们懂得包容男孩的缺点，也会给他很好的启示，他也会从我们的包容中学会包容，进而去包容他人的缺点。

不要让男孩只看他人的缺点

我们经常说："金无足赤，人无完人。"世界上没有十全十美的人，有缺点和不足是人性的必然。因此，我们不能要求一个人没有缺点，也不要只看他人的缺点，而是要懂得包容他人的缺点。

在人与人之间的交往中，男孩会慢慢发现周围人都有这样或那样的缺点。如果男孩眼中看到的都是他人的缺点，他不会获得快乐，也不会获得友谊。因此，我们不要让男孩只看他人的缺点，而是让他学会包容和理解他人的缺点，只有这样才能与他人友好地相处。

引导男孩包容他人的缺点

一天，9岁的彭彭放学回到家，向妈妈抱怨道："我的玩具都借给小伟好多天了，他到现在还没有还给我，他怎么能这样呢！"

妈妈见彭彭生气的样子，说："你的心情妈妈能够理解，小伟也许是忘记了，也许是还没有玩够呢，你不要这么着急。"

"他总是这样，说话不算数，以后不和他玩了！"

"彭彭,你要懂得包容小伟的缺点,不能因为这个原因就主动放弃这份友谊。我们都有自己的缺点,如果别人因为我们的缺点就不和我们交往了,那我们会怎么样?"

彭彭想了想,说:"会难受,会孤独。"

"对啊!我们要想赢得他人的包容,就要先从包容他人开始。"

"嗯。"彭彭若有所思地点点头。

这位妈妈是有智慧的,不仅化解了孩子之间的冲突,而且还引导他换位思考,让他明白要想赢得他人的包容,就要先从包容他人开始。

男孩在与同学相处的过程中,总会有一些摩擦和矛盾,我们要仔细观察他情绪上的变化,诸如"他真是太讨厌了"、"再也不和他玩了"、"他怎么这么小气呢"之类的抱怨,我们要及时给予引导,不要让他只看他人的缺点。只有这样,男孩才能真正体会到包容的意义,才能体验到包容带来的快乐。

第54招 通过各种方式培养男孩的组织协调能力

在领导才能中,有一项非常重要的能力——组织协调能力。当男孩们一起玩耍或进行某项活动的时候,我们就会发现,有的男孩在同伴中有极强的号召力,他能熟练地组织各项活动,带着同伴一起玩耍,使活动得到顺利进行,而同伴也非常愿意和他一起玩,并甘愿听从他的指挥。

一天,心理学家来到一所学校,找到一些小学生,把他们分成两组,让他们用积木进行搭塔比赛。

第一组的小学生急于搭塔,他们取来大小不一的积木,争先恐后地往上搭,希望取得比赛的胜利。眼看着就要搭到塔尖的时候,积木一下子散落在地上,他们又不得不重新开始搭。

第二组的小学生没有急于搭塔,而是在其中一个学生的组织下,围成一个圈,一起谈论如何搭塔,最后他们决定用大积木搭塔底、中积木搭塔身、小积木搭塔尖。开始行动后,在那个学生的指挥下,他们分成了两组,一组负责运

积木，另一组负责搭塔……

虽然第二组进行得比较晚，却很快就搭成了一座又高又稳的积木塔，最终取得了比赛的胜利。

心理学家得出这样一个结论：拥有组织协调能力不仅有利于孩子顺利完成任务，而且有利于他与同伴友好相处，有利于他在同伴之间树立威信。然而，并不是每一个男孩天生就具备组织协调能力，所以就需要我们通过各种方式培养他的这种能力。

调动起男孩组织活动的热情

在男孩的小世界里，还有一大部分男孩不去领导他人，而是甘愿被他人领导，有的男孩更是不敢去领导他人，怕得不到他人的支持，怕他人不听从自己的安排。这时候，我们除了要鼓励男孩，给他一些自信和勇气之外，还需要给他一个有吸引力的理由，调动起他组织活动的热情，让他展现自己的组织协调能力。

一天，7岁的鹏飞在楼下和几个小朋友一起玩，妈妈鼓励他说："儿子，你看那几个小朋友，他们都比你小，需要你去带着他们玩，快想一个有意思的新游戏带领他们玩吧！他们肯定会特别喜欢你的。"

"我那天刚好从电视上学会了一个新游戏，我这就去教给他们。"说完，鹏飞就跑到了小朋友身边，开始组织他们玩新游戏……

"需要你"、"有意思的新游戏"、"特别喜欢你"，这些话语调动起了鹏飞组织活动的热情。一旦男孩从组织活动的过程中有积极的体验，他不仅会对自己产生信心，而且他的组织协调能力也会得到提升。

试着让男孩组织一次活动

星期天，妈妈对8岁的升升说："儿子，今天就由你来组织大家打扫卫生吧！"

接到这样的任务，升升非常高兴，说："老妈，没问题。"

然后，升升开始在头脑中搜索平时妈妈组织打扫卫生的情景。策划好了之

后,升升就把爸爸妈妈叫到一起,开始分配任务。

升升一本正经地说:"首先,我们要打扫卧室,一共3个卧室,正好一人一间;然后,爸爸打扫餐厅,妈妈打扫厨房,我打扫卫生间;最后,我们一起打扫客厅。好了,分配完毕,我们一起行动吧!"

说完,爸爸妈妈几乎异口同声道:"听从安排。"说完,全家就高兴地开始大扫除了。

这位妈妈的做法值得我们借鉴,她把组织打扫卫生的机会留给了升升,实际上就是在有意识地培养他的组织协调能力。这样一来,升升的组织协调能力不仅得到了锻炼,也得到了提升。

在平日里,我们要试着让男孩组织一些活动,比如,让他组织一次有意义的家庭聚会,让他组织一次郊游,让他组织一次外出购物,让他组织一次节假日活动,等等。随着时间的推移,男孩的组织协调能力不仅会从家庭转移到学校,而且也会转移到将来的工作中。

第55招 培养男孩正确的价值观,别让他迷失自己

谈到培养男孩正确的价值观,有的妈妈可能会认为,他现在还小,价值观与他的学习、生活没有太大关系;有的妈妈可能会认为,只要让他吃好穿好就可以了,价值观的教育就交给学校和社会吧!

这些观点都是对价值观的错误认识,价值观与人的生活是紧密相连的,它并不是什么高深的学问,而是每个人为人处世的一把尺子。价值观渗透在生活中的点点滴滴,比如孝敬父母、重义轻财、诚信、正直等等。而且,培养男孩正确的价值观,不是一朝一夕的事情,而是一个漫长的过程,需要家庭、学校和社会共同完成。

一个人拥有正确的价值观,意味着他可以在大是大非的问题上作出正确的选择,意味着他是一个有道德的人,是一个值得信任和依赖的人。男孩只有树立了正确的价值观,才不会迷失自己,才能端正自己的人生态度,才能不断完

善自己的人格，才能更好地追求自己的梦想和目标，才有可能取得成功。

帮助男孩明确价值观的重要性

创新工场董事长李开复博士提出了"成功同心圆"理论，解释了获得成功的内因。"成功同心圆"包括三方面内容，最里面的一环是正确的价值观；中间一环是积极、同理心、自信、自省、勇气、胸怀等六种人生态度；最外面的一环是追寻理想、发现兴趣、有效执行、努力学习、人际交流、合作沟通等六种最基本的行为方式。

由此可见，成功的秘诀=价值观+态度+行为。而且，在这三个方面中，价值观是判断一个人能否取得成功的最重要的标准，因为价值观是指导所有态度和行为的根本因素。男孩只有拥有了正确的价值观，才能端正自己的态度，才能在学习和生活中拥有良好的行为，才有可能取得成功。

平日里，我们可以给男孩讲一些简单的道理，让他明白价值观的重要性；可以通过讲解一些成功人士的故事，让他明白成功离不开正确的价值观；也可以通过讲解反面的例子，让他从中吸取经验和教训，从而明确价值观的重要性。

及时纠正男孩不正确的价值观

在明轩的班里，同学之间的攀比现象非常普遍，他慢慢也产生了不平衡的心理。一天，明轩对妈妈说："妈妈，我想买套名牌运动衣。"

妈妈没有急于回答，而是耐心地询问道："你能告诉妈妈，你为什么要这样做吗？"

明轩不高兴地说："同学们现在都在比较谁的衣服是名牌，而且，他们要是考试成绩好了，就会要求妈妈奖励给他们玩具、衣服什么的，可是我什么都没有。"

"我们明轩不是为了奖励而学习，学习照样很用功，成绩也不错，是不是？"

"嗯，但是他们这样比来比去，我觉得很没面子，他们会不会嘲笑我啊？"

"明轩不用怕，妈妈告诉你一个可以赢得大家喜爱和尊重的秘诀，好不好？"

明轩一下子来了精神，瞪大了眼睛，说："那妈妈快说。"

"一个人只有拥有良好的德行，才能真正赢得周围人的喜爱和尊重。"

明轩觉得妈妈说得很有道理，再也没提买名牌运动衣的事情。

这是一位有智慧的妈妈，她不仅及时纠正了明轩不正确的价值观，而且还给他种下了正确价值观的种子。平日里，我们要及时发现男孩不正确的价值观。比如，我们可以在家庭中定期开设一个自由讨论的活动，针对某件事情进行讨论，也可以没有针对性地畅所欲言。在这个过程中，男孩自然会表达出自己真实的想法。

对于男孩形成的正确价值观，我们要及时给予肯定和表扬；对于他的不正确价值观，我们就要及时给予纠正。总之，我们要帮助男孩分辨他拥有的价值观正确与否，使他的人生路走得更顺畅。

第56招 让男孩远离嫉妒心理，成为胸怀广阔的人

从心理学角度讲，嫉妒是一种非正常的心理状态，是由于自己与别人进行比较，发现自己在某一方面或某几方面不如别人，进而产生的失落、不满、羞愧、愤怒、怨恨等组成的复杂情绪。

乐乐7岁了，是个非常调皮的男孩子。星期天，乐乐家来了几个客人，其中有一个4岁的男孩。一开始，乐乐主动和小弟弟玩耍，还把自己的玩具拿给小弟弟玩。但是，当妈妈又说又笑地抱着小弟弟并逗他玩的时候，乐乐不高兴了，觉得自己受到了冷落。

于是，乐乐打开电视，希望引起妈妈的注意，但妈妈丝毫没有放下小弟弟的意思。然后，乐乐开始一边唱一边跳，但还是没有人注意他。乐乐实在忍不住了，大哭起来，然后跑进自己的房间……

乐乐之所以会有这样的行为，就是因为嫉妒心理在作祟。乐乐以为妈妈把对他的爱转移到了小弟弟身上，他容不得妈妈爱其他小朋友，从而产生了嫉妒的心理。面对这样的男孩，我们可以在事后找他谈一谈。比如，可以这样说：

"妈妈是爱你的,但同样也爱其他小朋友,其他小朋友来我们家做客,我们理应热情招待,这是待客之道……"

如今,嫉妒心理在男孩中普遍存在,如果我们任其发展下去,男孩会变得心胸狭隘,从而形成不良的性格,进而影响人际交往,影响身心健康发展。因此,我们要正确疏导男孩这种负面情绪,让他远离嫉妒心理,用宽广的心胸去面对人生。

帮助男孩正确认识自己

"你看,人家小飞这次考得多好啊,人家就是比你学习好,你要是有他一半,我就心满意足了。"

"你看,人家小强见人就打招呼,比你有礼貌多了,你得多向人家学习。"

……

平日里,我们习惯性地把自己的孩子与其他孩子作比较,希望用这种"激将法"让他做得更好。然而,这种方式却起到了反作用,容易让男孩觉得自己哪里都不如别人,从最初的不服气,导致产生一种嫉妒心理。因此,我们要理性地看待男孩的优势和劣势,并帮助他正确认识自己。

我们要让男孩明白,每个人都有自己的优势,也有自己的劣势;每个人都有超过别人的地方,也有不如别人的地方。我们还要告诉男孩,不要总拿自己的劣势与别人的优势相比,对于别人的优势,不要有嫉妒的心理,而是要为他高兴、向他学习,如果总是嫉妒别人,就是在贬低自己。

一旦男孩正确认识了自己,看到了自己的优势,他就更容易接受别人在某方面比自己有优势。那么,男孩那种失衡的嫉妒心理也会重新恢复平衡。

引导男孩将嫉妒化为成功的动力

一天,11岁的思博气冲冲地对妈妈说:"我同桌这次考试竟然超过我了。"

妈妈说:"儿子,我们也应该为他高兴。"

"我哪能高兴得起来啊,他以前可都没我考得好!"

"妈妈知道你是希望自己考试成绩好,那么你就应该向同桌学习,总结考试经验,争取下次取得好成绩。"

"嗯,我一定要超过他。我以后不在学习上帮助他了,要是他问我题,我就说不会。"

"儿子,我们不能用这种不正当的手段达到自己的目的,你给同桌讲题,你们都可以受益,他学会了这道题,你又重新温习了一遍。妈妈觉得,你应该和他结成学习上的伙伴,一起比着学习。"

思博若有所思地想了想,说:"我应该靠自己的努力去取得好成绩,用真实的能力去证明自己。"

通过这样的引导,思博妈妈不仅帮助他将嫉妒化为成功的动力,而且还帮助他树立了正确的竞争意识。我们也应该好好利用男孩的嫉妒心理,引导他借嫉妒心理去奋发努力,把嫉妒化为前进的动力,使之产生积极的效果。

第57招 培养男孩勇于决断、善于决断的能力

对于一个领导者来说,决断能力是一项非常重要的素质。一个人是否拥有决断能力,取决于他是否能够迅速地看清问题的关键,然后及时作出决定,最终将决定快速付诸行动。一个勇于决断、善于决断的人,是最容易抓住成功的人,也是离成功最近的人。

著名漫画家蔡志忠生活在一个民主的家庭中,他从小就喜欢画画,小学三年级的时候,他就立志做一名漫画家。进入中学后,蔡志忠沉迷于漫画之中,经常去漫画书店,并尝试着自编剧本。15岁那年,蔡志忠向漫画出版社投稿,一家漫画出版社邀请他做专职漫画师。

一天晚上,爸爸像往常一样在看报纸。蔡志忠走到爸爸身边,轻声说:"爸爸,我明天要到台北了。"

爸爸问道:"去做什么?"

"去画漫画。"

"找到工作了吗?"

"找到了。"

"那就去吧!"

第二天,蔡志忠就一个人拎着皮箱走上了职业漫画家的道路。

蔡志忠最终能取得如此辉煌的成就,不仅取决于爸爸尊重并支持他的决定,更取决于他在机会面前勇于决断。蔡志忠的故事让我们知道,孩子的决断能力对未来的发展是非常重要的。因此,我们应该尽早培养男孩勇于决断、善于决断的能力,让他成为一个能够在机会面前当机立断的人。

不要替男孩作决定

"儿子,你应该……"

"儿子,你要去做……"

"儿子,你不可以这样,而是要……"

平日里,我们总是这样为男孩安排一切。殊不知,替男孩作决定,是扼杀男孩决断能力的一个重要因素。因为,如果我们总是替男孩作决定,当他遇到需要作决定的事情时,就会犹豫不决、优柔寡断,然后向我们求救"妈妈,我应该怎么办"。久而久之,男孩就丧失了决断能力。

因此,当男孩遇到需要作决定的事情时,当他向我们求救的时候,我们要告诉他"你已经是个男子汉了,要学会为自己负责,妈妈相信你可以作好决定的"。没有了妈妈的"保护",男孩在作决定的过程中,就会去思考应该怎么做,这样他就更容易养成自己作决断的习惯。

鼓励男孩勇于决断

天宇10岁了,由于唱歌特别好,老师让他组织班里的文艺演出。每当同学之间有不同意见的时候,天宇总是犹豫不决,不知道该怎么办。

一天,天宇把心中的苦恼告诉了妈妈,妈妈开导道:"儿子,老师为什么把这个任务交给你?"

"因为我唱歌比较好。"

"那是不是代表老师对你非常信任呢?"

"嗯,不然老师就不会交给我了。"

"老师能够把这个任务交给你,就说明老师相信你有能力做好,既然老师这么信任你,你就大胆地按照自己的想法去做吧!"

天宇点点头,说:"好的。"

很多时候,男孩之所以不敢作决定,是因为他不够自信,总怕做错决定。这时候,我们要像天宇妈妈学习,鼓励男孩勇于决断,教他利用自身的优势去作决断。这样一来,男孩就会相信自己所想、所做的,就会毫不迟疑地做自己认为正确的事情。

告诉男孩勇于决断不等于草率行事

对于男孩而言,他需要比女孩更理性、更果断。为此,我们会随时在生活中培养他的决断能力,并时常提醒他:"要做一个勇于决断的男子汉!"这样一来,有些男孩做事很可能会不假思索地只求速度,或者是不顾后果地草率行事。因此,我们在告诉男孩在勇于决断的同时,让他明白勇于决断不等于不考虑后果,不等于草率行事。另外,我们也要让男孩知道,勇于决断是一个人经过仔细思考后作出的决定,而不是随心所欲的论断。

另外,当男孩作出决定之后,我们也应该这样去提醒他:"真的考虑周到了吗?有没有不妥的地方呢?"当我们时常这样去提醒男孩时,他就会谨慎行事。

第58招 培养男孩的主见,不让他做"怎么办先生"

晓波11岁了,从小到大,所有大小事情都由妈妈为他做主。所以,每当晓波遇到什么事情的时候,他都不知道应该怎么办,总是习惯性地问别人"怎么办",同学们都开玩笑地叫他"怎么办先生"。

晓波之所以成为"怎么办先生",是因为妈妈凡事都为他做主,忽略或否定了他的选择,让他形成了依赖心理,从而不知道应该如何选择。男孩没有

主见,他就会听从别人的安排,不知道怎么选择,为什么奋斗,永远迷茫彷徨。久而久之,男孩不仅不具备主见性、领导才能,而且男子汉气概都会逐渐消失。

这样下去,男孩也很难在学业和事业上取得成就。因为,一位哲人曾经说:"人生最重要的不是奋斗,而是抉择。"人生是由一个又一个选择组成的,每一个选择都可能决定他未来的道路。

我们应该知道,我们只能帮男孩一时,却不能帮他一辈子。因为男孩的未来掌握在他自己手中,未来的道路还要他自己走。因此,我们不要凡事都替男孩做主,而是要把选择的权利还给他,让他作出最适合自己的选择。

美国著名管理学家彼得·德鲁克曾经说:"这个世纪最重要的事情不是技术或网络的革新,而是人类生存状况的重大改变。在这个世纪里,人将拥有更多的选择,他们必须积极地管理自己。"

可见,男孩是否有主见对他未来的发展起着重要的作用。因此,我们要培养一个有主见、不盲从的男孩。只有这样,他才能对自己的人生作出正确的选择,才能积极地学习、生活、管理自己,才有可能获得成功和幸福。

把选择权交给男孩

有一个5岁的小男孩,妈妈要他读幼儿园,他却想读小学,于是妈妈把选择权交给了他:"如果你能考上小学,就让你读。"那时,这个小男孩第一次知道,5岁的小孩居然有选择的权利。他特别珍惜这次机会,于是主动努力读书,果真考上了他想上的小学。

这个小男孩就是李开复。

当妈妈把选择权交给李开复的时候,他特别珍惜这次机会,并为此付出了不懈的努力。相信所有的男孩遇到这种情况都会这样做,因为他们想要自己做主,喜欢为了自己的选择而努力。

男孩在成长的过程中,会面临很多选择,小到生活中的琐碎小事,比如今天穿什么衣服、周末去哪里玩等等;大到关乎一生的大事,比如择校、择友、

工作等等。面对这些,我们都要把选择权交给男孩,在必要的时候,我们也可以适当提供参考意见,但最终的选择权是他的。

鼓励男孩自己作选择

一天,妈妈带着8岁的林林去超市买文具,并告诉他:"这次你可以自己去挑选需要的文具。"林林显得非常兴奋,来到柜台前,他一会儿看看这个,一会儿看看那个,觉得哪个都很好,一时拿不定主意,于是对妈妈说:"怎么办,我该选哪个呢?"

妈妈说:"妈妈不喜欢你说'怎么办',你应该自己想办法,挑选自己真正需要的文具,而不是只看它们的外表。"

听到妈妈的提醒,林林又重新看了一遍,然后和售货员阿姨交流了一会儿,对妈妈说:"您看,这个怎么样?"

"妈妈喜欢你问'这个怎么样'。不错,只要想好了就可以买。"

林林很快就挑选好了自己需要的文具,高高兴兴地把它买回了家。

当林林向妈妈寻求帮助时,妈妈并没有直接帮助他,而是通过提醒的方式,鼓励他自己想办法、自己拿主意,最终作出选择。在这个过程中,相信母子两人的内心都是快乐的,林林为能够自己选择而高兴,妈妈为了林林的成长而高兴。

因此,当男孩遇到选择的难题时,我们不要替他选择,而是要鼓励他自己作选择。这样一来,男孩自然就会积极想办法进行选择,我们也会感到很轻松。

第七章
好妈妈不吼不叫，培养男孩的责任感

我们都希望男孩能成为一个负责任的人，但是现在很多男孩却并不具备责任感，看到他们种种不负责任的行为，我们也会忍不住吼叫批评。依靠吼叫自然是不会让男孩具备责任感的，我们还是多动动脑筋，用正确的教育方法教他们学会负责任吧。

第59招 不替男孩承担过失，让他为自己的行为"埋单"

奇奇晚上看动画片看到很晚，早上起不来，结果上学迟到了。妈妈急急忙忙将奇奇送到学校门口，对站在学校门口的老师好一顿解释："老师啊，这可不是我儿子的错。昨天晚上是我让他看了太多的电视，今天早上我又没及时叫他起床，早饭我也做晚了。这不，他连早饭都没吃完就跑来了。您看，您就别处罚他了吧？都是我的错，老师，下次我们一定注意。"妈妈刚说完，奇奇就大声对老师保证道："老师您放心，明天早上我会让妈妈早点叫我起床的。"听了这母子二人的话，老师忍不住摇了摇头……

明明是奇奇自己的错，如果他自己控制好看电视的时间，如果他自己定好闹钟，早上按时起床，他就不会迟到了。可我们听听奇奇妈妈说的话，她将所有的错都揽在了自己身上，替奇奇承担了所有过失，她的这种做法虽然表面上是在帮奇奇"免责"，但实际上却会促使他变成毫无责任感的人。而没有责任感的人是不会得到他人的信任与支持的，这将影响到男孩未来的事业发展与人际关系。

所以，我们该从奇奇妈妈的这种做法中引以为戒。男孩自己的过失就要由他自己来承担，我们不能替他担责任，一定要让他为自己的行为"埋单"。

不做男孩的"避难所"

男孩子好玩好动，不经意间可能就会闯祸或者做错事。而每到犯错时，有的男孩就会先跑回家躲到我们身后，然后剩下的一切都交由我们来处理。比如，有的男孩会不小心弄哭了邻居的孩子，可最后登门道歉的却是我们，他却"放心"地在家里像没事人一样该做什么做什么。我们这样的行为就充当了男孩的"避难所"，但是，他在我们这里虽然能暂避一时，可绝对不可能永避一世。

所以当男孩自己犯了错、闯了祸时，我们的头脑中先不要冒出袒护的念头，更不能上来就说"这不是我儿子的错"，而是要将这个责任归还给男孩，让他找一找自己哪里错了，为什么错了，并鼓励他自己去承担错误所带来的后果。

不要替男孩的错误寻找借口

前面故事中奇奇的妈妈为了帮奇奇"规避责任"，不停地在找借口。可事实就是事实，错了就是错了，即便我们找一千个一万个借口，男孩犯错这件事也是不可更改的。

因此，我们不要做这种类似于"掩耳盗铃"的事情，男孩的错对他来说也不全是坏事，这能让他体会到教训，能给他一个警醒。当男孩犯错时，我们理应帮他去认真地认识错误，而不是帮他逃避错误。我们自己头脑中也要清醒地认识到这一点：谁的错谁承担，借口是遮不住真相的。

可以用自然惩罚来让男孩学会反省

18世纪法国教育家卢梭曾经说："儿童所受到的惩罚，只应是他的过失所带来的自然后果。"这就是他所提出的"自然惩罚法则"，他要让孩子在"自

作自受"中体验责罚。

我们在平时也可以适当地对男孩采取一些自然惩罚,比如,当他因为贪玩没做作业时,我们故意不去提醒他,让他第二天去接受老师的惩罚,这将使他牢记做作业的重要性;还比如,当他在家胡闹时弄脏了屋子,我们不去帮他整理,而是让他继续住在里面,直到他自己无法忍受,以此来提醒他注意保持自己房间的整洁;等等。

自然惩罚会让男孩以一种最直接的方式体会他自己的错误所带来的后果,这样的教训会在他的头脑中留下深刻的印象。所以,当我们发现男孩犯错时,我们先不要对他进行过多的指责,如果他犯的并不是什么重大的错误,那么我们就可以引导他进行自我反省,并自觉地去弥补自己的过失。但如果他犯的错误性质严重,比如偷盗等等,这时我们就一定要在他犯错的最初对他进行管教,以防止他越陷越深。

第60招 不让男孩为自己的错误找各种借口

男孩,尤其是读小学时的男孩,犯错几乎是家常便饭,可也许是出于一种内心的逃避或者是对自我的"保护",绝大多数男孩在犯错之后,总是会为自己的错误寻找各种各样的借口。

小迅是个很聪明的孩子,但有时候他的聪明才智却用错了地方。有一次,他放学后只顾着贪玩而忘记了写作业,第二天老师问起时他却说:"作业写完了,只不过忘记带了。"还有一次,班里进行数学小测验,原本数学成绩很好的小迅却只考了80多分。妈妈问他:"你数学不是学得不错吗?怎么这次考成这个样子?"小迅借口说:"数学老师最近感冒了,课讲得不好。"妈妈看了看他的数学卷子说道:"如果是聪明的孩子,是绝对不会为自己的错误找任何借口的。错了也没什么大不了,勇敢承认积极改正,就是好样的。你总是找借口的话,到头来吃亏的可是你自己哟!"小迅一听,脸一下子红了,他开始反思妈妈说的话,并决定要改正自己的这个缺点。

犯错误之后，很多男孩会有像小迅这样推卸责任的表现，他只不过是为了逃避我们的责怪与惩罚。但是，我们理解他并不代表纵容他，我们应该让他明白，犯了错误找借口是不能解决任何问题的，这只能使他成为一个不负责任的人。而每个人都有属于自己的责任，男孩更应该勇敢地承担起这些责任来。

告诉男孩别总是说"这不怪我"

打碎了家里的花瓶，有的男孩会说："这不怪我，是小狗太调皮。"

弄脏了妈妈的裙子，有的男孩会说："这不怪我，是妹妹非要穿妈妈的裙子。"

即便是推倒了邻居的小孩子，有的男孩也会理直气壮地说："这不怪我，谁让他自己不小心。"

……

男孩经常会将"这不怪我"、"不是我的错"等等话语挂在嘴边，这就是他逃避责任最突出的表现。我们要告诉男孩，不要总说"不怪我"，最好先在自己身上找找原因，是自己的错误就要勇敢承认，逃避和找借口反而会失去他人的信任。而且，有些事情如果男孩越说"不怪我"，别人反而越觉得错误就在他。与其不断被人逼问，倒不如自己痛快承认。

提醒男孩所有的错误都会有责任人

所有的错误都不是凭空出现的，所有的错误都有必然的原因，也一定有责任人。所以，犯了错误的男孩即便是找了借口，但真相永远都是真相，怎样掩盖都是无济于事的。

所以，我们应该提醒男孩，如果他犯了错误，还是老老实实地承认，并找到犯错误的原因，及时补救，这样才能弥补小错带来的后果；相反的，如果他用借口掩盖了错误，就好像是用整洁的衣服遮住了身体上的伤口，虽然表面看着好看，但是对内在的伤口放之不管，它就会慢慢溃烂，到时候可能会带来更大的痛苦。而如果是男孩和他的同伴们一起犯了错误，他就更要去努力寻找自

己的过失所在,先要将自己那一部分责任担负起来,这才是男子汉的作为。

让男孩明白承认并改正错误才是勇者所为

男孩都希望自己是英雄,而在他心目中,英雄是不会犯错的。所以,每当男孩犯了错误,他才会去找五花八门的借口,以维护自己的"形象"。

我们要让男孩明白的是,端正行事不犯错,的确是英雄所为。但是人无完人,犯错是人之常情,犯了错能勇敢承认错误,并尽自己的努力去改正错误,对已成的事实进行补救,这样的人也是值得人们尊敬的。

我们可以多给男孩准备些英雄故事书,在给他们讲故事的时候,将英雄的这种精神穿插进去,让男孩更加全面地向榜样学习。

第61招 男孩的责任感一定要从小培养

责任感与人的好习惯一样,都需要从孩子小的时候就开始培养。在很多人看来,男性似乎应该更有责任一些,那么我们对男孩的责任感就要格外重视。

一天晚饭后,力力的妈妈和几位当了妈妈的邻居聊天,她很无奈地说:"我家那臭小子根本没什么责任感,玩完了玩具满地、满床随便扔,他长大以后要总这样可怎么办?姐妹们给我出出主意啊!"

牛牛的妈妈先说道:"要是我,早就直接骂他了。"小超的妈妈连忙摆手说:"一上来就骂他可不行。我都是先给他讲道理,如果他不听,实在没办法了我才骂他的。"威威的妈妈立刻接过话茬儿说:"不管用的!道理我说过,也骂过他甚至还打过他,我家威威一概不理。"力力的妈妈好奇地问:"那后来你怎么办的?"威威的妈妈无奈地说:"只能我自己收拾了呗。"

几位妈妈忙点头附和:"是啊,是啊。我最后也不得不收拾。"力力的妈妈摇了摇头:"唉,骂他显然也不是好办法,总不能一直骂下去吧?我们是不是该想个好办法?"

听到这里,几位妈妈都陷入了沉思……

没有责任感是现在孩子的通病,不只是男孩,所有的孩子在这一点上似乎

都表现出一种"发育不全"的状态。其实,男孩之所以有如此表现,与我们的教育态度是分不开的。如果我们希望自己的男孩能有责任感,那么这种教育一定要从他小时候就开始抓起。

要有培养男孩责任感的意识

关于男孩的责任感缺失问题,我们自己也许就深有体会。我们可能会抱怨:"现在的男孩怎么这么懒,什么都让我们帮他干!"但我们抱怨过后,是不是也该有所反思呢?我们有没有对男孩太过溺爱呢?有没有不想让他受苦的思想?有没有什么都不愿意让他干的想法?或者有没有因为怕麻烦,宁愿自己动手快些做完某些事的做法?可以说,正是我们的这些包办代替的想法与做法,才让男孩认为"这些事情都是妈妈的事,与我无关",带着这样的认知,他又怎么可能有责任感呢?

因此,我们自己首先就要有培养男孩责任感的意识。尤其是在男孩年幼的时候,我们就要开始培养他的责任感。有些事情他自己能做,那么我们就绝对不要硬去插手,要给他自己动手的机会。我们要让男孩知道,每个人都有每个人应该做的事情,能将这些事做好就是他负责任的最基本的表现。

当男孩开始要求自己做某些事时,我们要适当放手

每个孩子到一定年龄后,都有要求自己做事的欲望。比如,他会想要自己用勺子吃饭,想要自己试一试怎么穿衣,等等。这个时候,我们能做的事情很简单,只有两个字"放手"。

虽然男孩第一次尝试自己做事时,会显得笨手笨脚,有可能会将饭粒洒得满身、满桌子都是,有可能会把衣服团成一团,但这些事全都是他自己应该做的,也就是他自己的责任。此时,我们可以给予保护、指导,但绝对不要横加阻拦,更不能代劳。毕竟,男孩想要做好自己的事,是他开始培养自身责任感的第一步。

在男孩不同的年龄段，为他安排不同的任务

培养男孩的责任感，需要循序渐进。随着他慢慢长大，各方面的能力也会有所提升，那么，我们可以分阶段来为他安排不同的"任务"。

比如，男孩上幼儿园的时候，要开始自己吃饭、穿衣、穿鞋，适当地帮妈妈拎一些不很沉的购物袋；到了上小学时，男孩要能自己收拾房间、整理床铺，对于自己用过的玩具、图书要能收拾干净，可以做一些简单的家务劳动；等等。

这些任务的安排，要随着男孩年龄的增长，不断变换难易程度。也就是说，随着男孩慢慢长大，他所担负的责任也要相应增大。而且，无论是什么任务，我们都要用当时男孩能理解的方式为他讲明白，让他意识到自己有责任将这些事情做好。

第62招 让男孩从小就热衷于慈善公益事业

随着人们的生活水平渐渐提高，大家已经不再单纯为了生计而辛劳，也有了一定的财富积累。于是，慈善公益事业开始成为更多人在工作之余的选择。

公益事业，是指一定的组织或个人向社会捐赠财物、知识或志愿服务等等活动。慈善事业，则是指私人或社会团体基于慈悲、同情、救助等观念，为一些灾民、贫民以及其他生活困难者而举办的施舍、救助等活动的统称。其实，慈善公益事业也是人们对社会的一种责任，这体现的是人们的道德水平，体现的是人们那种自发的责任感。

我们希望自家的男孩能成为负责任的人，那么社会责任也是他不能忽略的。所以，我们应该鼓励男孩从小就要热衷于慈善公益事业。

为男孩讲明白慈善公益事业存在的意义

电视上总有关于慈善事业、公益事业的新闻出现，看到人们捐钱、捐物，还组织各种活动的情景时，凡凡忍不住问妈妈："把自己的东西和钱白送给别

人?他们为什么要这样做呢?"妈妈摸了摸凡凡的头说:"这也是我们每个人的社会责任所在呀!你忘了妈妈也曾经给灾区捐过款吗?其实有很多小朋友不能像你这样吃饱穿暖还有玩具玩,他们的生活可艰苦了。你说,我们是不是应该帮他们一下呀?"凡凡想了想,点了点头:"妈妈,我明白了,这不是白送,这是在帮助他们对不对?"妈妈也笑着点了点头……

我们应该用简单明了的话语为男孩解释清楚慈善公益事业存在的重要意义,让他知道人们为什么要做这些事,做了这些事会给他人带来怎样的影响,会给社会带来怎样的影响。同时,我们也可以结合男孩想当英雄的心理,告诉他,能为别人奉献爱心、热心慈善公益、对社会负起责任来,也是英雄所为。

告诉男孩,慈善公益事业不只是捐钱这么简单

由于慈善公益事业往往会以捐款的形式表现出来,孩子也许就会认为做慈善、做公益就是捐钱。我们要告诉他,慈善公益事业的确有捐款这一项,但却并不是只有这一项。捐物、志愿服务等帮人解决生活各方面问题的行为以及为他人答疑解惑的行为,都可以算在慈善公益事业的范围之内。

现阶段的男孩并不具备独立的经济能力,所以他完全可以通过义务劳动、帮助他人做事等行为来进行慈善公益活动。我们可以带男孩走上街头,专门看一看那些捐款之外的公益活动,帮他逐渐加深对慈善公益事业的理解,使他明白慈善公益事业都包括哪些行为。

另外,我们也要告诉男孩,进行慈善公益事业也一定要"对症下药"。比如,贫困山区的人们需要的是钱、物,如果我们送去的是一些无关紧要的演出,那对他们的帮助就不会太大。虽然我们也是在进行公益表演,但对于当地的人们来说,只有先吃饱穿暖才能去考虑精神层面的问题。所以,男孩需要弄清楚他要救助的对象的具体情况,再去选择适当的帮扶方式。

提醒男孩做慈善公益事业也要量力而行

做慈善公益事业也要量力而行,男孩不能因为帮助了别人,而让自己陷入

了"经济危机"或者"物质危机"。

我们要提醒男孩:捐款,要在自己经济承受能力范围之内去捐,捐款数额不能成为他"争强好胜"的资本,如果遇到学校捐款或者社会上的献爱心活动,他只要尽自己的一份爱心就好,不能为了显示自己捐得多就盲目向我们要钱,甚至用非法手段获得钱财;捐物也要考虑自身的基本需求,不能捐赠完之后,却发现自己没有可用的了,也不能因一时冲动而把衣服都捐了出去,自己却没了可穿的;进行义务活动,也要在完成自己正常学业后去做,不能为了做慈善公益事业而耽误了学习和其他一些重要的事情……

总之,男孩一定要根据自身的能力水平去从事慈善公益事业,这样他才能更好地承担这份责任。

第63招 鼓励并支持男孩参与社会实践活动

社会实践,可以帮助男孩更多地认识社会、了解自然,而且通过实践还能提高他的动手能力,这对于整日只在"学校—家庭"两点之间活动的男孩来说,是非常有必要的。

2010年1月8日的《齐鲁晚报》上刊登了这样一则报道:从2009年12月开始,山东省潍坊市某小学在周末时不再布置任何书面形式的家庭作业,而是鼓励学生们积极动手、动脑,并支持他们走出家门,走进社区、走进大自然,积极参与社会实践。

一开始,父母们都担心孩子们会就此散了心,担心他们周末时会疯玩。但这种"无书面作业周末"实施了一个月之后,父母们发现孩子们的学习并没有受到影响。有一位妈妈感慨地说:"我就担心老师不给留作业影响我儿子的学习成绩,但我发现他的成绩并没有下降,而且在周末他还读了许多有意义的课外书。"可见,因为有了实践活动时间,学生们有了更多时间做自己喜欢的事情,他们的思维敏捷度和学习积极性都比以前提高了。

一说到让男孩去参加社会实践,可能我们都会觉得心里很不安。尤其是男

孩又调皮又爱玩，这种把他放出去实践的行为，在我们看来就等同于放了一只小老虎归山林——他还不想怎么闹就怎么闹啊！但事实上，社会实践带给男孩的是书本上学不到的东西，而且他还可以通过亲自动手来解决自己内心的某些疑问，这对男孩来说正是增长知识的好机会，也是满足他兴趣的好机会。因此，我们应该鼓励并且支持男孩去参与社会实践活动。

帮助男孩提高分辨是非的能力

在让男孩开始进行社会实践之前，我们一定先要让他认识社会。我们要用男孩能理解的话语来为他简单介绍社会上的情况。需要注意的是，我们不仅要告诉男孩社会上好的一面，同时也要提及社会上不好的一面，这是为了防止他因为不知道社会的这些负面消息而受到他人的欺骗或伤害，我们要帮助男孩提高是非分辨能力。

但是，我们也要注意斟酌我们的语言，不能为男孩讲得太过深奥，也不能讲得太多。毕竟男孩的理解能力、认知能力还有待发展，而且我们也不能总让他看到社会的阴暗面，那样他会因心生恐惧而迈不开脚步。但是，我们可以事先让男孩牢记一些"应急措施"，比如遇到危险了他该知道如何求助与求救，他还要牢记报警电话110、急救电话120，等等。

鼓励男孩有组织地参加社会实践

所谓"有组织地参加社会实践"，就是让男孩不要单枪匹马地自己出去。这样做的原因有以下几点：第一，很多社会实践需要考虑的问题很多，需要做的事情也很多，因此只凭借男孩一个人是完成不了的；第二，参加学校、班级等集体的社会实践，将有助于培养男孩与人合作的能力；第三，有组织地进行社会实践更能保证男孩的人身安全。

同时，我们也要劝告男孩应该量力而行，不能超越他的能力范围，尽量不要搞太大、太专业的实践活动。适合男孩搞的社会实践活动有以下几种：在班级或者周围社区进行某些问题的小范围的调查；去一些感兴趣的工厂或单位进

第七章 好妈妈不吼不叫，培养男孩的责任感

行参观学习；参与一些简单的动手活动，比如制陶小工艺、模型制作等等；另外，进行户外拓展训练、军事训练等也属于社会实践的范围。这些实践活动，男孩都可以去尝试。

提醒男孩要认真对待社会实践

虽然我们认为社会实践会对男孩各方面能力的发展有好处，但是我们也不能完全忽略男孩好玩的天性。我们要提醒他，如果要去进行社会实践，那他就应该认真去对待，无论是调查还是参观，他都要带着问题去，带着感想回，并从中有所收获。他绝对不能半路上被其他事情所吸引，更不能借社会实践的名义偷偷跑出去玩。男孩只有真正认真对待社会实践，他才能发现其中的乐趣，才能从中学到知识。

第64招 尽快解除男孩对妈妈的依赖情结

现在很多家庭都是独生子女，我们对孩子真是怎么爱都爱不够。而我们这样"热烈"的爱，却很容易带来一个不良后果——即便是男孩，也会对妈妈过分依赖。

比如，有的男孩就连妈妈上个厕所都会开始哭闹，任谁劝都不管用；有的男孩晚上没有妈妈陪着，能哭一宿而不睡觉；有的男孩如果没有妈妈在跟前，他就什么也做不了；有的男孩假如没有妈妈跟着，他甚至都不知道出了家门该怎么去学校……

这些都是生活中真实存在的场景。男孩对妈妈的依赖情结，有时候会让身为妈妈的我们都感到无法忍受。因为，由于男孩的过分依赖，我们身上相当于背负着两个人的责任。也许现在我们还能替他背负，但很显然我们不能替他背一辈子。男孩必须从现在开始就要学习脱离我们的扶助，要学会自己站立。

有意识地疏远男孩

在男孩还不懂事的时候，他的确是需要我们细心呵护的，然而随着他慢慢

长大,当他开始有了自我思想时,我们就要有意识地疏远男孩。比如,当男孩因为某些事而哭闹时,我们不要马上就过去抚慰,而是在确保他不受到其他伤害的前提下,让他自己先发泄一下情绪;还比如,当他自己尝试要做什么事情时,我们不要总是给予过多的提醒与提示,同样是在保证他安全的前提下,任由他自己去摸索。

适当转移男孩的注意力

我们可以先观察男孩都喜欢什么、关注什么,然后用他喜欢的东西来吸引他的注意力,使他不再只专注于我们。同时,在男孩刚上幼儿园或者刚上小学时,他可能也会对我们有很强的依赖心理,不愿意离开我们去新的环境。

对于上幼儿园的男孩来说,我们可以早一些送他去幼儿园,看着他和幼儿园的老师、小朋友做游戏,当他被游戏吸引时,我们再离开。如此几次之后,他就不会再过分依赖我们了。

而对于上小学的男孩来说,我们则可以提前带他熟悉学校,让他看到高年级的学生认真学习、一起玩耍的样子,引起他的兴趣,使他的注意力不再集中于离开妈妈这件事上。

多让男孩结交朋友

有的男孩之所以会对我们产生依赖,就是因为他接触的人太少了,而妈妈又是他最亲近的人,所以他不自觉地就会和妈妈亲密无间。

我们可以带男孩走出家门,带他多去游乐场或有很多孩子的小广场上去,鼓励他多和其他孩子接触,让他开阔眼界;同时,我们也可以为男孩创造一个交友环境,多邀请邻居或亲友带着他们的孩子来家里做客。男孩和与自己有共同语言的朋友在一起,也能分散他对我们的依恋。而和朋友们在一起时,男孩又好面子,再遇到什么问题,他就会慢慢地通过自己的努力来解决,从而不再依赖我们。

注意不要让男孩变得与妈妈形同陌路

妈妈觉得7岁的小伟太依赖她了，什么都要她帮着做才行。于是，她决定要疏远小伟。一连几天，不管小伟怎么跟妈妈撒娇，妈妈也不理他，就算他哭闹，妈妈也表现得无动于衷。妈妈认为，只要"冷"他一阵子，他自然就不再依赖自己了。果然，后来小伟真的不再依赖妈妈了。但与此同时，妈妈也发现，小伟对她似乎又有些太冷了，连话都不和她说了……

我们不愿意看到男孩对我们依赖过度，但我们也同样不愿意看见男孩变得与我们形同陌路。我们在帮助男孩纠正过分依赖的毛病时，一定要循序渐进，绝对不能像小伟的妈妈那样，突然一下子就不再理孩子了。当然，我们更不能通过严厉地叫骂来驱赶他。否则，男孩的内心会受到伤害，他可能会变得不再相信我们，进而就会彻底疏远我们。

所以，我们在解除男孩对我们的依赖的过程中，也要注意多和他进行沟通，让他明白我们其实是爱着他的，不让他依赖是为了使他能对自己负责，为了他将来能够独立于世。

第65招 引导男孩树立远大理想，富有使命感

理想与使命感是紧密相连的，如果一个人连自己未来要做什么都不去期望，没有一个远大的理想，那么他整日只能浑浑噩噩地度日。可以说，这样的人对自己都不负责任，就更别提有什么使命感了。

吃晚饭时，全家人聊天无意间提到了理想的问题，妈妈顺势问小冰："你有什么梦想啊？"11岁的小冰想了想说："我现在可说不准，我都不知道我有什么理想。我的同学有的说要做飞行员，我想要是飞机失事那该怎么办啊；有的说当工人，不过我想这上一天班也够累的；还有的说想当总经理，但要管那么多人，不是更累？……"

小冰还在说着，但妈妈的心情却已经有些沉重了，她不知道该说什么了。

小冰的话只是在评价别人的理想，而且还都是一些负面的思想，他之所以

有这样的想法，全在于他自己没有远大的理想。所以，妈妈应该从引导他树立远大理想开始入手，使他逐渐产生使命感。

我们无不希望自己的男孩能最终成为独当一面的人才，能成为担负得起自身使命的真正的男人，那么从男孩小时候起，我们就要引导他意识到自身所肩负的责任，并引导他树立起远大的理想。

不要总对男孩说"现在什么都不用你操心"

很多妈妈在劝男孩要好好学习时，都会说类似的一番话，"现在家里吃得好、穿得好，家里什么都有。现在什么都不用你操心，你只要好好学习，考出好成绩来就可以了。只要你能出成绩，我们再苦再累也无所谓"。这样的话看似是我们在对男孩进行鼓励，可事实上，这却会让男孩失去责任心。

所以，我们的眼睛不要只放在男孩的学习上，对他要有一个正确的期望，学习固然重要，但他也要能肩负得起自己的责任。除了要能做好自己力所能及的事情外，他也要帮我们分担一些家务事。

我们要对生活有正确的追求

当男孩的眼睛时刻盯着我们，他在树立理想的时候，很可能就会以我们的某种生活方式为基准。所以，我们自己对生活就要有正确的追求，不要整天追求享乐，每日只知道看电视、打麻将。否则，男孩就会认为生活不过就是如此，妈妈每天享乐也过得很快乐。这样一来，他对树立远大理想也就失去了兴趣，自然也就不会有什么使命感了。

在男孩面前，我们至少应该有自己的追求，比如好好工作，为了提升业绩而不断勤奋努力，等等。我们为了事业而奋斗的行为也将激励男孩为了自己的理想不断前进。

鼓励男孩要为理想而努力奋斗

我们首先要告诉男孩，之所以要他树立远大理想，就是让他通过实现自己

的理想，实现自身的人生价值，让他能为社会作更多的贡献，完成自己的使命。而这些话不只是说说而已，男孩既然找到了自己的远大理想，就一定要从现在开始为自己的理想而努力。

他需要认真学习现有课本上的知识，将老师讲授的内容弄懂吃透；他需要不断拓展自己的学习范围，向他想要发展的方向去努力；他还需要锻炼自己的各种能力，并让自己的知识与能力有机地结合在一起。而我们要做的则是为他提供较充足的"后勤保障"，比如为他多准备一些知识性读物，为他购置动手实验用的各种工具，带他走出家门，接触他想要认识的自然或社会事物，等等。

提醒男孩树立理想时不要好高骛远

虽然我们鼓励男孩要树立远大理想，但也要注意绝对不能好高骛远。我们要提醒男孩，即便有了远大理想，也要从最基础的事情开始做起，也要从现阶段的水平开始努力。一切妄图一步登天的想法都是错误的，一切想要守株待兔的做法也都是不可取的。男孩需要牢记，脚踏实地的努力要远远好过无谓的空想。

第八章
好妈妈不吼不叫，培养出高情商的男孩

无数事实证明，在男孩的成长过程中，情商的培养是一个非常重要的方面，不仅关乎他现在的身心健康成长，更关乎他未来的发展。作为妈妈，我们要培养出高情商的男孩，让他的成长之路走得更加顺畅。

第66招 情商是男孩未来成功的关键

我们一般都认为，一个人在一生中能否取得成功，主要依靠的是智商。于是，我们为了让男孩赢在起跑线上，几乎把所有时间和精力都放在了培养他的智商上，给他买各种各样的学习用书，报各种各样的兴趣班。

然而，正在我们忙着培养男孩智商的时候，却出现了这样一个现实状况：在一代比一代更聪明的同时，孩子的情绪管理能力却在急剧下降。另外，男孩还出现了种种问题：不能控制自己的情绪、不懂得如何与人交往、不敢自己作决定、承受挫折的能力较弱、缺乏意志力等等。

其实，之所以会出现这样的现状和问题，是因为我们忽视了男孩的情商教育。所谓情商（EQ），又称"情绪智力"，是近年来心理学家提出的与智商相对应的概念，主要是指人在情绪、情感、意志、耐受挫折等方面的品质。

情商理论创始人彼得·萨洛维认为，情商包含了五项情绪处理能力：一是了解自身的情绪；二是妥善管理自己的情绪；三是自我激励；四是了解他人的情绪；五是妥善处理人际关系。

心理学家研究表明：在一个人成功的因素中，智商因素占20%，而情商因素却占了80%。因此，心理学家得出了一个成功公式：100%的成功=20%的智商+80%的情商。可见，情商是一个人成长与成功路上不可缺少的重要因素之一。

中国有一句古话"三岁看大，七岁看老"，这一时期是塑造男孩性格的重要阶段，也是培养男孩情商的重要阶段。可以说，一个人是否具有较高的情商，与小时候的教育是密不可分的。

著名作家老舍曾经写过一篇文章《我的母亲》，里面有这样一段话："我真正的教师，把性格传给我的，是我的母亲。母亲并不识字，她给我的是生命的教育。"因此，在男孩小时候，作为妈妈的我们更应该培养他的情商，让他拥有健全的人格。

引导男孩认识情商的重要性

美国有关研究机构曾经调查了188个公司，测试了每个公司的高级主管的智商和情商，并将测试的结果和工作上的表现联系起来进行分析。最终的结果发现：对于领导者来说，情商的影响力是智商的9倍。一个智商略逊一筹的人，只要拥有更高的情商指数，一样能够取得成功。

可见，情商是一个人未来成功的关键因素之一。我们要想培养出高情商的男孩，首先就要引导男孩认识什么是情商，使他摆脱对自己情感世界的无知。更为重要的是，我们要引导男孩认识到情商的重要性。只有这样，男孩才能逐渐学会如何管理情绪，才能让自己成为一个高情商的人。

我们可以从生活中选择合适的素材，比如一些成功人士的故事、我们的人生经验、身边的真实事例等等，通过与男孩一起交流讨论，让他认识到情商的重要性。当男孩遇到有关情绪的问题时，我们也可以与他一起分析，让他明确情绪对一个人的影响是多么重要，进而告诉他，只有拥有高情商，才能控制好自己的情绪，才能成为自己的主人。

让男孩的智商和情商齐头并进

近几年社会上发生了一系列有关大学生、研究生的恶性事件：马加爵事件、北大清华学生跳楼事件、刘海洋硫酸泼熊事件、研究生虐猫事件、大学生微波炉烤犬事件、药家鑫事件、留日学生刺母事件等等。

为什么这些学习成绩优秀的大学生、研究生会有如此残忍的行为呢？这些事件暴露了家庭教育方面存在着重大的问题。如果我们做妈妈的能及时培养孩子的情商，让他们学会控制自己的情绪、具有同情心、处理好人际关系，他们也就不会有如此残忍的行为，更不会发生如此悲惨的事情。

因此，我们在关心男孩智商教育的同时，更应该关心他的情商教育，让他的智商和情商齐头并进，以促进他的全面发展。

第67招 教男孩早日学会自我激励

天佑10岁了，总是渴望得到妈妈的激励。所以，天佑从小到大，妈妈总是用积极的语言去激励他。只要妈妈一激励天佑，他的学习劲头就很高，如果很长时间没有激励他，他的学习劲头就会下降，学习成绩也跟着下滑。

其实，每个男孩都像天佑一样，希望在自己的学习和生活过程中，得到妈妈的激励，但是当他得不到妈妈的激励时，就可能会变得意志消沉。之所以会这样，是因为男孩无法摆脱对妈妈激励的依赖，而自己又没有学会自我激励。因此，我们应该教导男孩，不要把期望寄托在别人身上，而是要学会自我激励。

美国哈佛大学教授威廉·詹姆斯曾经做过一项调查，结果发现：一个没有受过激励的人，仅能发挥自身能力的20%～30%，而当他受到激励之后，其能力可以发挥到80%～90%。也就是说，一个人在受到充分的激励之后，所发挥的能力相当于激励前的3～4倍。

的确是这样，一旦男孩学会了自我激励，就会产生一种强大的内在动力，身上所蕴藏的潜能也会被开发出来，然后他会朝着自己的目标不断前进，跨越遇到的每一个困难和挫折，进而取得每一次进步。相反，一个不会自我激励的

人,无法将身上蕴藏的潜能开发出来,往往就容易陷入悲观、绝望的境地。

因此,我们要教男孩早日学会自我激励,让他从小养成自我激励的好习惯,并不断激励自己前进。

强化男孩的自我激励意识

平日里,我们经常这样去激励男孩:"妈妈相信你一定可以作出正确的选择"、"妈妈相信你会跨越困难的"……在我们的激励下,男孩会产生一种良好的自我感觉,并激励着自己朝着我们期望的方向前进。

然而,当我们在激励男孩的过程中,有意识地将主语"妈妈"改成"你",比如"你要相信你一定可以做出正确的选择",那么他的潜意识里就从"妈妈相信"变成"我相信",他的自我激励也就在潜移默化中产生了。因此,我们要善于利用恰当的时机,强化男孩的自我激励意识,让他尽早学会自我激励。

引导男孩学会积极的自我激励

刘俊上小学六年级,还有半年的时间,他就要面临小升初。由于刘俊的成绩在班级里属中等偏上一点儿,他不确定自己能否考上理想的中学,所以整天闷闷不乐的。

妈妈看出了刘俊的心思,于是就做了几张卡片,对刘俊说:"儿子,抽一张,上面附有一句话,抽到的那张就是你的幸运语。"

刘俊一听是"幸运语",来了兴趣,就抽出了其中的一张,打开后,上面写着:我很有信心,我一定可以的。

妈妈笑着说:"你看,你的幸运语都告诉你要有信心,所以你要相信自己。"

刘俊被这句"幸运语"给点醒了,说:"不管怎样,我都要拼搏一次,只要努力就无怨无悔了。"

"只要你能每天用这句话激励自己,再加上自己的努力,你一定可以成功的。"

从此之后,刘俊随身携带着这张卡片,每天起床后和睡觉前,他都会对自

己说"我很有信心,我一定可以的",并将它当成了学习的动力。

后来的事实也证明,"幸运语"真的给刘俊带来了幸运,他的学习成绩一直稳步上升。半年之后,刘俊果然以优异的成绩考上了理想的中学。

一句"幸运语"真的那么重要吗?刘俊的故事告诉了我们答案,正是他每天用这句"幸运语"激励自己,才产生了学习的动力,最终考入理想的中学。可以说,如果一个男孩善于自我激励,那么他的成功率就会比一般的男孩高得多。

因此,我们要引导男孩学会积极的自我激励。自我激励可以采用各种方式进行,比如,我们可以像刘俊妈妈学习,让男孩对自己进行正面的暗示;也可以让男孩每天记录自己的点滴进步,让他看到自己的潜力,帮助他树立信心;等等。一旦男孩学会了自我激励,他就会用积极的心态投入到学习和生活中。

第68招 教男孩控制冲动,对他延迟满足

著名心理学家瓦特·米歇尔曾经做过一个著名的"软糖实验":发给一些4岁左右的孩子一颗非常好吃的软糖,并对他们说:"如果你们马上吃软糖,就只能吃1颗;如果20分钟后再吃,我就再奖励给你们1颗。"

在等待的过程中,有的孩子经不住软糖的诱惑,马上就吃掉了;有的孩子用各种方式让自己耐心等待,暂时不吃软糖。结果,这些能够自控的孩子如愿以偿地得到了两颗软糖。之后,米歇尔团队继续跟踪研究接受这个实验的孩子,一直到他们高中毕业。

跟踪研究的结果表明:那些迫不及待吃掉1颗软糖的孩子,在青少年时期,表现得比较冲动、固执、虚荣,面对欲望无法控制自己,一定要马上满足欲望,才能静下心来做其他事情;而那些能等待并最后吃到2颗软糖的孩子,在青少年时期,则表现得更加自信,并具有一种为了更远的目标而暂时牺牲眼前利益的能力。

这个"软糖实验"的结论是:能够等待的那些孩子做事的成功率高于那些不能等待的孩子。

一般来说，由于受到睾丸素和思维方式的影响，大多数男孩比女孩更容易做出冲动、鲁莽的行为。而这些往往会给男孩带来很多麻烦和苦恼，不利于他健康快乐地成长。因此，我们必须教男孩控制冲动，对他延迟满足。

一旦男孩学会了控制冲动，他就能克制自己的欲望，进行理性的思考，进而作出正确的选择，从而获得一种为了更远的目标而放弃眼前利益的能力。这样的男孩，更容易获得学习的快乐和生活的幸福。

给男孩立规矩，约束他的冲动行为

博源4岁了，妈妈为了教他认识各种物品，就会经常带他去超市。每次出门前，妈妈总会这样问他："如果你不问妈妈要任何东西，妈妈就带你去超市认识物品。如果你问妈妈要东西，妈妈就不带你去了。你自己选择吧！"

博源就会说："妈妈，我不问您要任何东西。"然后，妈妈就会带着博源去超市认识物品。为了下次还可以来超市认识更多的物品，博源就会克制自己想要玩具的欲望、克制自己想买零食的冲动。通过多次地重复这种克制欲望与冲动的过程，博源的自我约束能力得到了提升。

面对一些好吃的、好玩的，很多男孩都控制不住自己的欲望，总会冲动消费。然而，博源妈妈却通过"与他提前约法三章"的方式，巧妙地克制住了他的冲动消费，并增强了他的自我约束能力。

平日里，我们可以通过"给男孩立规矩"的方式，约束他的冲动行为。比如，我们与男孩约定：不可以在公共场合大喊大叫、不可以动不动就哭闹不停、不可以随便打人等等，然后严格要求他按照规矩做事。在这种规矩的约束下，男孩就会慢慢学会控制自己的冲动行为，进而养成自我约束的习惯。

不立即满足男孩的要求

一位妈妈带着儿子去超市买东西，儿子看到了一个新型玩具，于是吵闹着要买，妈妈就对儿子说："家里的玩具已经够多了，只有等到你过生日的时候，妈妈才会再给你买一个你喜欢的玩具。"

面对儿子的要求，妈妈没有妥协，也没有立刻拒绝，而是采用"延迟满足"的方式，克制住了他的欲望。我们要让男孩知道，生活中很多事情需要耐心地等待，不是什么东西一要就能马上可以得到的。对于男孩的要求，我们要学会延迟满足。

比如，当男孩想连着看两集动画片时，我们要和他讲明，每天只能看一集，明天才能看下一集；当男孩遇到困难而寻求我们的帮助时，我们不要立即帮助他，而是鼓励他自己想办法，然后再适当地给予指导；等等。这样一来，男孩就能在等待中学会控制冲动的行为。

第69招 培养男孩知难而进的进取精神

"别的同学考90分都不满足，你看看你，考个80分就高兴得不得了，你怎么就一点儿上进心都没有呢！"

"还有很多比我更差的呢！"

这样的对话也许经常发生在我们身边，当我们给男孩敲响警钟的时候，他总会不服气地顶撞一句"还有很多比我更差的呢"，他总觉得自己"比上不足，比下有余"。这种容易满足、不求上进的心态，几乎是很多男孩的通病。

这样的男孩会以无所谓的态度对待周围的一切，没有学习目标，也没有学习上的动力和积极性，学习成绩自然也是停滞不前；他不再像小时候那样对任何事物都感到好奇、充满兴趣；做任何事情，他总是抱着"得过且过"的态度……

这样下去，不仅会影响男孩现在的学业，更会影响他未来的事业。因为，一个男孩能否在学业和事业上有所成就，不仅取决于他拥有的知识和技能，还取决于他有没有不屈不挠的主动进取精神。

英国哲学家罗素曾经说："只有积极进取的人，才能够摘得成功的桂冠。"进取精神是一种激励男孩前进的动力，正是由于这种永不停息的自我推动力，激励着他不断向自己的目标前进。即使男孩现在的能力不足，只要具备

积极进取的精神,他才会为了美好的明天而奋斗,才可能在学业和事业上有所成就。

可以说,进取精神是培养男孩至关重要的一个方面。因此,作为妈妈,我们一定要培养男孩知难而进的进取精神。

激励男孩永远向前迈进

其实,生命本身就是一个不断进取的过程。我们要想培养男孩知难而进的进取精神,就要让他不满足于现状和已有的成绩,要激励他永远向前迈进。正如古人常说的"百尺竿头,更进一步"。

因此,平日里,我们要时常激励男孩向前迈进,不断超越昨天的自己。我们可以这样告诉他,当今天听课比昨天认真一点点,当今天做事比昨天更好一点点,这一点点的进步积累起来,就会离自己的目标越来越近。

让男孩拥有一些积极的体验

严格11岁了,学习上不求上进,考80分就心满意足了。为了让严格有上进心,妈妈经常利用晚饭后的时间,和他一起玩益智游戏,比如填字游戏、成语接龙、接对联等。由于严格喜欢下棋,妈妈就规定,如果他赢得了益智游戏就允许下棋,如果他输了就不许下棋。

一开始的时候,严格因为积累的知识比较少,总是输,所以就没有机会下棋。每当这个时候,妈妈就会故意刺激他:"要想下棋,下次就要赢我啊!"

严格总会不服气地说:"我下次一定会赢的。"

从此以后,严格写完作业之后,就会看课外书、查字典。没过多长时间,严格的词汇量大增,再玩游戏时就经常会赢。尝到了赢的滋味,严格开始把这股不服输的劲头用到了学习上。慢慢地,严格的成绩也得到了提升。

这位妈妈的方法真是巧妙,利用玩益智游戏的方式,发掘出了严格那股不服输的劲头,并让他通过自己的努力拥有了一些积极的体验,当他慢慢产生了对成功的渴望时,他的上进心也就慢慢形成了。

我们也可以根据男孩的年龄和特点,找到最适合他的方法,让他拥有一些积极的体验,从而调动起他的积极性,进而让他形成进取精神。但是,我们一定要注意,在这个过程中,我们千万不要对男孩过度刺激,这样会让他一下子丧失了前进的信心和动力,而是要时常让他尝到一点甜头,从而慢慢让他形成强烈的进取精神。

告诉男孩,进取不等于争强好胜

在培养男孩进取精神的过程中,很容易让他走入一个误区,认为进取就是要争强好胜,就是要比别人强。我们一定要告诉男孩,进取不等于争强好胜,进取是相对于自己的现状而言要有所进步和提高,争强好胜是为了自己的面子而与别人攀比,事事处处都希望自己超过或压倒别人。

第70招 教男孩遇到"突发事件"时镇定自若

任何一个人的人生旅程都不可能是一帆风顺的,都会遇到这样或那样的"突发事件"。如果我们希望把男孩培养成一个勇敢的男子汉,就要让他勇于面对"突发事件"。然而,男孩的勇敢不仅仅表现在天不怕、地不怕,还表现在遇到"突发事件"时,能否镇定自若,能否积极地想办法解决。

一天,一些七八岁的男孩在小区的广场上玩,他们的妈妈就聚集在一个角落里聊天。在这些男孩跑来跑去的过程中,一个叫萧明的男孩不小心摔倒了,鼻子里的血不停地往外流。这时候,其他男孩都被吓蒙了,不知道该怎么办。

其中一个叫文宇的男孩显得非常镇静,对身边的男孩说:"快去叫萧明的妈妈过来。"然后,文宇走到萧明的身边,一边扶着他,一边说:"谁那里有卫生纸?"其他男孩慌忙地从自己口袋里寻找卫生纸,然后递给文宇。他先用纸堵住了萧明的鼻孔,然后让萧明把头仰了起来。

文宇为什么能这么镇定呢?原来,文宇妈妈经常对他说:"无论遇到什么事情,都要保持镇静,然后想办法解决。"而且,妈妈还经常利用真实的事例

告诉他应对"突发事件"的具体方法。

可见,文字之所以能够处理好这次"突发事件",完全得益于妈妈平日对他的教诲,使他在面对突发事件时一方面能保持镇定,另一方面还能积极想起具体方法去应对。

因此,我们要告诉男孩,当"突发事件"不期而至的时候,首先不要慌张,要镇定自若,然后快速在大脑中搜索平日积累的类似事件的处理方法,最后想尽一切办法处理各种各样的"突发事件"。

告诉男孩,每个人都有应对"突发事件"的力量

我们要让男孩知道,生活就是这样,到处都充满着变数,在我们没有准备的时候,"突发事件"可能就会悄悄降临在我们的身上。这时候,我们更要告诉男孩,每个人的体内都有一种应对"突发事件"的力量。

这样一来,男孩心中就会有所准备和预防,当他遇到"突发事件"的时候,他就会坚信自己有力量应对它,自然也就会镇定自若地想办法处理它。

教给男孩应对"突发事件"的具体方法

我们都知道,面对突如其来的事情,人最需要的就是镇定自若。对于男孩而言,只有知道了应对"突发事件"的具体方法才有可能镇定自若。因此,在平日里,我们要把应对"突发事件"的具体方法灌输给男孩。

比如,我们可以给男孩讲一些发生在身边的鲜活事例,也可以看一些相关的电视节目,然后和他一起分析和讨论,主人公是如何处理遇到的突发事件的?有没有更好的处理方法?这些真实的事例再加上生动的分析和讨论,会给男孩留下深刻的印象,当他遇到类似的突发事件时,他就会在脑海中搜索具体的处理方法。

有意识地训练男孩的自救能力

生活中难免会发生迷路、火灾、溺水、车祸、触电、遇到坏人等突发事

件,我们应该让男孩从小就记住我们的手机号码,还要记住匪警电话是110、火警电话是119、急救电话是120等一些常用的应急电话。

另外,我们还要在平日里有意识地训练男孩的自救能力。比如,我们可以自设一些情景"如果家里没人,你又没带钥匙,应该怎么办?""如果你遇到了坏人,应该怎么办?""如果你的膝盖被磕破了,应该怎么办?"……然后,我们要引导男孩想出各种自救的办法,并进行模拟演习。

一开始的时候,男孩面对突发事件都会不知所措。但是,随着我们经常训练男孩的自救能力,他就会慢慢总结出这样的经验:着急、害怕是没有用的,只有镇定自若,才能想到解决的办法。

第71招 注重培养男孩分辨是非的能力

男孩从出生开始就用好奇的眼光打量着这个丰富多彩的世界,生活中的任何事情对他都有着强烈的吸引力,他也会去模仿自己感兴趣的事情和行为。然而,生活中不只充满了真善美,同时也有很多不好的事情和行为充斥在他的周围。

一个4岁的男孩说:"那个哥哥敢打人,真勇敢啊!我也要像他一样。"

一个8岁的男孩说:"说话时带脏字真酷!谁要是说话一本正经的,肯定会被笑话,我可不想被人笑话。"

一个12岁的男孩说:"把头发染成黄色看起来又时尚又成熟,我也想把头发染成黄色的,他们到时该羡慕我了。"

由于男孩的自觉性较弱,很容易受到外界的影响。由于男孩没有正确的是非判断能力,也很容易不加选择地模仿他认为正确的行为。虽然以上3个事例都只是个案而已,但是在现实生活中,孩子没有是非观念,很容易被他人误导却是一个不争的事实。因此,我们要注意培养男孩分辨是非的能力。

给男孩灌输正确的道德观念

所谓分辨是非的能力,是指一个人以自己掌握的道德知识,对自己或他人

的道德行为进行判断评价的能力。可见,有没有正确的道德观念对培养一个人分辨是非的能力起着重要的作用。因此,我们首先要给男孩灌输正确的道德观念。

比如,我们可以采集大量具有教育意义的材料,通过玩游戏、讲故事、看电视等活泼的形式,给男孩灌输正确的道德观念;我们也可以结合身边发生的事情,随时向男孩进行引导和教育;等等。一旦男孩有了正确的道德观念,他会依此来分辨周围人和事物的是非,他分辨是非的能力也会随之得到提升。

引导男孩建立正确的是非观念

当我们给男孩灌输了正确的道德观念之后,我们就要引导他建立正确的是非观念,让他知道哪些事情是可以做的,哪些事情是不可以做的,让他在脑海中形成一个分辨是非的标准。一旦男孩建立了正确的是非观念,才能知道如何去做,从而自觉地产生相应的行为,进而认识到自己的行为是否正确。

很多妈妈由于害怕污染了男孩纯洁的心灵,想方设法不让他接触到社会上存在的不良现象。其实,这种做法是不正确的,明智的做法是要有选择性地与男孩讨论一些不良现象。因为,男孩不可能一直生活在真善美的世界里,最终都要走向社会,都要去面对存在的任何现象。

因此,我们要在日常生活中随时向男孩灌输"是"、"非"观念,让他学习好的行为,对于不好的行为引以为戒。只有这样,男孩才能慢慢建立正确的是非观念,让自己少走弯路。

及时纠正男孩的错误观念

当我们在教育男孩分辨是非时,总是对他强调"不可以……",男孩听后只知道这样做不对,却不知道为什么不对,不知道应该怎么做。因此,在这个过程中,我们要引导他去思考,这样做对不对,为什么不可以这样做,然后让他知道应该如何去做。

一天,7岁的奔奔说:"我要是奥特曼该多好啊!那样我就有力量打倒不喜

欢的同学，他们也会佩服我。"

妈妈说："奔奔，如果你总是打人，同学还愿意和你一起玩吗？"

奔奔想了想，说："不愿意。"

"是啊！只有你喜欢帮助同学、爱护同学，才能让同学对你心服口服，他们才会佩服你。"

当奔奔试图用武力去博得同学的佩服时，妈妈及时纠正了他错误的观念，在这个过程中，妈妈先是让他思考，这样做对不对，让他明白了为什么不可以这样做，然后告诉他应该如何去做。奔奔妈妈的做法值得我们借鉴，我们教育的目的就是要让男孩通过自己的思考，明白什么该做什么不该做。我们这样引导男孩，更容易达到教育的效果。

第72招 积极培养男孩的同情心

几个男孩在玩耍的过程中，一个男孩不小心摔了个人仰马翻，其他男孩不但不去把他扶起来，反而站在一边哈哈大笑；

一个男孩看到路边有一只脏兮兮的流浪猫，嘴里一边嘟囔着"踢死你，小脏猫"，一边飞起一脚，把小猫踢到了一旁；

在公交车上，一个高年级的男孩心安理得地坐在座位上，根本无视老爷爷、老奶奶颤颤巍巍地站在一边；

……

当我们看到这样的情景，我们不禁要问：现在的男孩为什么会有这样的表现和行为呢？他们的同情心哪里去了？也许有的妈妈根本不把这样的事情当成一回事，但正是这些不起眼的小事情，在潜移默化地污染着男孩原本善良的心灵。

教育家陈鹤琴曾经说："同情行为在家庭里、在社会里是一种非常重要的美德。若家庭里没有同情行为，那父不父，母不母，子不子，家庭就不成为家庭；若社会里没有同情行为，尔虞我诈，人人自利，社会也不成社会了。"可

以说，培养男孩的同情心是非常重要的事情，也是刻不容缓的事情。

同情心是一个人最基本的一种道德情感，也是人际交往中需要具备的基本条件。一个缺乏同情心的男孩，性格孤僻、冷漠，不能用心感受他人的需要，人际关系一般不好；而一个富有同情心的男孩，性格善良、热情，能够用心感受他人的需要，会主动帮助他人，人际关系一般很好。

其实，同情心是男孩与生俱来的天性，只要我们加以呵护和培养，并及时给予正确的教育和引导，他的同情之心自然就会表露出来。

呵护男孩的同情之心

一天，6岁的成成在草坪上看到一只受伤的小狗，便对妈妈说："妈妈，快看，这里有只受伤的小狗，太可怜了，我们把他带回家吧！"说完，成成准备走过去安慰一下小狗。

妈妈急忙说："不要靠近它！"

成成诧异地看着妈妈，妈妈说："多脏啊，如果它得了什么传染病，我们被传染上怎么办？"

无奈之下，成成只好跟着妈妈走开了。

面对成成的同情之心，妈妈非但没有给予呵护，反而阻止了他的这一行为。如果男孩长期受到这样的影响，那么他的同情之心就会慢慢消失，他也会变得冷漠无情。

其实，在男孩的世界里，他觉得小狗小猫、小花小草和自己一样，是有生命和灵魂的，他对它们都有感情。面对男孩表现出来的同情心，我们一定要及时给予呵护和肯定，要在他的同情心刚刚萌芽的时候就精心培养它。

鼓励男孩伸出援助之手去帮助他人

妈妈带着8岁的儿子过马路，看到一位老人行动不便，于是妈妈用眼神示意他，并用鼓励的眼光看着他。儿子马上明白了妈妈的意思，于是主动走到老人身边，扶着老人过马路。

其实，生活中随时随地都会遇到他人需要帮助的情况，这时候，我们要鼓励男孩伸出援助之手去帮助和关心他人。比如，当遇到长辈提着东西上下楼梯的时候，我们要鼓励男孩去帮着长辈提东西；当遇到有人不小心跌倒的时候，我们要鼓励男孩搀扶、安慰跌倒的人；等等。

另外，我们也可以鼓励男孩参加一些社区活动，看望、照顾敬老院的老人和孤儿院的小朋友；也可以借助媒体，让男孩了解贫困山区的情况，了解生活在那里的小朋友是如何学习、生活的，进而鼓励他伸出援助之手，捐出自己的零用钱、书本、衣物、玩具等等。

当男孩帮助了他人，我们要及时对他的行为给予肯定和表扬，这样不仅可以强化他的良好行为，而且也可以让他体会到帮助他人的那份快乐。慢慢地，男孩的同情心就被激发和培养出来了。

第73招 教男孩学会掌控自己的情绪

情绪是一个人经由外界刺激所产生的情感反应，包括喜、怒、哀、乐、悲伤、恐惧、嫉妒等，而这些情感反应将会直接影响人心理上的变化。情绪一般分为两种：积极情绪和消极情绪。

情绪是每个人都具有的，男孩也不例外。随着男孩年龄的增长，情绪也会越来越复杂。这时候，如果我们没有教男孩学会掌控自己的情绪，不仅会影响他的性格，让他变得沉默、悲观、急躁，而且还容易造成他生理机能失调，从而引发多种心理疾病。

一个成熟、理智的男孩，不是没有消极情绪，而是善于掌控自己的情绪。有位哲人曾经说："在成功的路上，最大的敌人其实并不是缺少机会或资历浅薄，成功的最大敌人是缺乏对自己情绪的控制。愤怒时，不能遏制怒火，使周围的合作者望而却步；消沉时，放纵自己的萎靡，把许多稍纵即逝的机会白白浪费。"

因此，我们要善于从男孩的一举一动中了解他情绪上的变化，一旦发现他的不良情绪，我们要通过适当的方式，帮助他学会合理释放情绪，从而让他学

会掌控自己的情绪。只有这样,男孩才能更好地投入到学习和生活中,才能掌握自己的命运和人生。

对男孩的消极情绪表示理解

11岁的于强放学回到家,气呼呼地说:"真是太让人生气了,就因为我上早操迟到了一会儿,老师就让我站到一边。"

妈妈安慰道:"那一定让你很生气,妈妈能够理解你的心情。"

听到妈妈理解的话语,于强的气消了一半,说:"是啊,所有同学都用异样的眼光看着我,真是太丢人了。"

妈妈进一步开导说:"你的心情妈妈能理解,如果你以后可以提前到达做早操的地方,就不会发生这样不愉快的事情了。"

于强的妈妈并没有直接责怪或批评他,也没急于给他讲大道理,而是对他的消极情绪表示理解,然后又加以适当开导。这样一来,于强不仅会摆脱消极情绪的困扰,而且还会记住要提前到达做早操的地方。

当男孩出现消极情绪时,我们要引导他把内心的不愉快倾诉出来。当男孩倾诉完内心的不愉快之后,我们要流露出对他的理解,然后再想办法调节他的消极情绪。当我们对男孩的消极情绪表示理解之后,他才会觉得我们是可以依靠的,才能听进我们所说的话,进而慢慢恢复平静。

告诉男孩,情绪是可以控制的

在平日里,我们要经常给男孩灌输这样一个积极的心理暗示:情绪是可以控制的。这样一来,男孩会觉得情绪没什么大不了的。我们灌输的次数多了,这句话就会深深印在男孩的心中,当他的情绪出现波动的时候,他就会以此来告诫自己。慢慢地,男孩就能学会掌控自己的情绪。

教男孩学会合理释放情绪

晓波6岁了,每当小朋友不顺从他的时候,他就会生气地挥着小拳头打小朋

友，一边打一边嚷："打你，打你……"

张旭12岁了，每当遇到不高兴的事情时，他就会用拳头狠狠地往墙上砸，直到手面被砸得通红。

晓波用打人的方式来释放情绪，而张旭则用伤害自己的方式来释放情绪。可以说，这两种释放情绪的方式都是不合理的，根本无法释放压抑在内心的情绪。因此，我们需要教男孩学会合理释放情绪。

比如，我们可以有意识地转移话题，让男孩做自己喜欢的事情，以此来分散他的注意力；可以让男孩出去活动一下，或者让他痛哭一场，释放压抑在他内心的坏情绪；可以让男孩找个好朋友，把内心的不愉快一吐为快……只有通过这些正确的方式，男孩才能真正摆脱坏情绪的困扰，进而学会掌握自己的情绪。

第74招 培养男孩独立解决问题的能力

在一次针对中小学生的问卷调查中，有这样一个问题："如果你遇到了问题或者麻烦，你会怎么办？" 70%的学生选择了"找父母或别人帮忙"，而只有30%的学生选择了"自己解决"。

作为妈妈，当我们面对男孩的"求救"时，通常会扮演"救世主"的角色，不遗余力地帮助他解决问题。当我们一次次把男孩从困境中"解救"出来时，看似帮助了他，其实是真正害了他。因为，男孩会因此丧失独立解决问题的机会和能力，会变得事事都依靠妈妈。

著名教育专家孙蒲远曾经说："关心孩子是必要的，但若把他前进道路上的石块全部清扫干净，把坑坑洼洼全部垫平，他可能暂时平平安安，但同时也失去了走坎坷道路的能力。"因此，我们不要把男孩的事情全部包揽过来，而是鼓励他自己去解决遇到的问题，逐步培养他独立解决问题的能力。

一个8岁的男孩对妈妈说："妈妈，我衣服上的扣子掉了。"

"这可是你自己的事情，你要自己想办法解决。"

"可是,我不会缝衣服。"

"不会可以学啊!这样吧,妈妈先教你,然后你自己再把衣服上的扣子缝好。"

说完,妈妈开始手把手教男孩如何穿针引线,如何缝,男孩学得很认真。最后,男孩把衣服上的扣子缝好了。看着自己亲手缝好的衣服,男孩心里甭提多高兴了。

面对男孩的"求救",妈妈没有直接去帮助他,而是教给他解决问题的方法,然后让他亲自动手去做。当男孩靠自己的努力解决问题的时候,他的内心是最快乐的,他也会更有信心去解决一个个问题。

因此,我们要相信男孩具有解决问题的潜力,当他遇到问题的时候,我们要鼓励他充分挖掘自己的潜力,自己想办法去解决问题。一旦男孩具备了独立解决问题的能力,才能更好地经历人生的"风吹雨打"。

不要代替男孩解决问题

男孩天生就比较依赖妈妈,当他遇到问题的时候,他第一个念头就是找妈妈帮忙。这时候,如果男孩可以通过自己的努力去解决,我们就不要急于代替他去做,而是要给他锻炼的机会,让他学着自己去解决问题。

有时候,我们也需要与男孩一起面对和解决问题,重要的是,我们要传授给他解决问题的方法。比如,男孩遇到了一道数学难题,我们不要直接告诉他答案,而是和他一起解决,我们可以一步步引导他去思考,让他有一个明确的思路,然后由他自己动手去做。这样一来,男孩不仅解决了问题,还掌握了解决问题的思路与方法。

告诉男孩,不能用"武力"解决问题

由于男孩大脑中负责一些简单、直接情感(如恐惧、愤怒)的区域更大,他的行为就会表现得更加直接,更富有攻击性,经常放弃口头表达而选择肢体动作来解决问题。也就是说,当男孩遇到问题时,他经常会采用"武力"去解决问题。

这时候,我们要告诉他:"动用'武力'是解决不了任何问题的,只有心

平气和地想办法才能真正解决问题。"另外，我们要教给男孩一些与他人相处的技巧，引导他学会体会他人内心的感受，让他学会控制自己的情绪，避免他用"武力"解决问题。

鼓励男孩自己想办法解决问题

男孩正处于探索未知世界的阶段，他会提出很多问题。而且，随着男孩年龄的增长，他遇到的问题也会越来越多，越来越复杂。这时候，我们要鼓励男孩自己想办法解决问题，可以这样对他说："这个问题你自己解决，妈妈相信你可以的。"

当然，在适当的时候，我们也要给男孩一定的提示或指导，让他沿着正确的方向寻找问题的答案。比如，男孩骑着自行车遇到了一段泥泞路，怎么推都推不出去了，其实是因为车轮上沾满了泥巴，我们就可以提示他看一下车轮，那么他就会想办法除去塞满车轮的泥巴。

在这个过程中，男孩动手动脑的能力可以得到很好的锻炼，独立解决问题的能力更可以得到极大的提高。而且，男孩通过自己独立思考得来的解决方法，要远比被直接告知的解决方法记得更牢、更受益。

第九章
好妈妈不吼不叫,男孩才会更加爱学习

第九章
好妈妈不吼不叫,男孩才会更加爱学习

一提到男孩的学习,我们的神经可能会立刻绷紧,一看到他惨不忍睹的学习成绩,我们就会忍不住冲他吼叫。但是骂他不上进是不起作用的,还是更理智一些吧,正确的教育方法才能让男孩真正爱上学习。

第75招 教男孩学会自学,提升他的学习力

所谓自学能力,就是指在没有老师和其他人的帮助之下自我学习的能力。但我们都知道,男孩太喜欢玩了,他能按照老师说的老老实实将作业写完就已经很不错了,让他自学简直是一件无比困难的事情。

安安上学期期末考试成绩很不理想,妈妈对他说:"趁着假期好好补一补吧,自己把那些学过的知识再看看,以后这些知识还用得着的。"安安有些不情愿,他原想趁暑假抛开这讨厌的课本好好玩一玩的。不过想想妈妈说的,他觉得也没错,于是便同意了。

从暑假第一天开始,妈妈就督促着安安每天都要好好学习,安安也听话地照做了。但到暑假快结束时,妈妈找出安安上学期期末考试卷子,将题目抄下来让他做,结果他出错的地方与上次考试一样,一点长进都没有。妈妈皱着眉问安安:"不是让你好好学吗?"安安委屈地说:"我也看书了啊!可是……我不知道靠自己该怎么学。"

不会自学,即便是耗费了时间,他也可能"学无所成"。所以,虽然我们

很期待男孩能通过自己的刻苦努力让成绩有所起色,但我们也要教他学会自学的方法,这样他的学习力才能得到有效的提升。

教男孩掌握一些基本的学习技巧

要想自学有成效,掌握一些基础的学习技巧很重要。否则,即便男孩有自学的欲望,他可能也会不知道该从哪里下手,而这就会让他的宝贵时间白白浪费掉。所以,我们要教他一些基本的学习技巧。

比如,看书要带着问题去看,解决问题的过程同时也是学到知识的过程;还比如,在遇到实在弄不懂的问题时,随手记下来,然后将问题总结一下,通过查找其他资料,询问老师、同学或父母等等途径,将问题彻底弄明白。

同时,我们要教男孩学会使用工具书。工具书包括检索类与参考类两种,字典、词典等属于检索类的工具书,男孩需要学会如何使用字典、词典查找生字生词;一些与男孩学习内容相关的知识类的书籍则属于参考类的工具书,教科书上讲的知识有时候只是大概或精髓,如果他想要了解得更多,就要通过阅读这类工具书来拓展自己的知识面。

另外,我们还要鼓励男孩在学习过程中摸索出属于自己的学习方法,这才是最适合他的学习方法。

帮男孩克服懒于自学的思想

有的男孩总觉得,反正老师早晚都要讲那些知识,反正老师的任务就是要教学生学会知识,他自学不是多此一举吗?我们要给男孩讲清楚,自学能帮他将知识掌握得更加牢固,这一举绝对不多余。

男孩要明白,通过自学,他能发现自己哪里的知识不懂,如果是以前的知识,他可以马上回头复习;如果是老师还没讲的知识,他听课时带着问题去听,这一知识点他也就会掌握得更加牢固。所以,自学既能让他查找之前的学习漏洞,同时还能激发他对新知识的渴求。

如果他懒于自学,那么他所掌握的知识就只是老师讲得那么一点,和其他

知识没有前后联系，他理解起来也会感到困难与无趣。

让男孩养成自学的好习惯

当男孩在我们的帮助下开始出现自觉学习的行为时，我们应该对其多加鼓励。但是，男孩毕竟还是孩子，心智、学习能力等各方面都还不太成熟，可能学习一会儿他就会觉得枯燥、厌烦，或者注意力开始不集中。因此，我们应该主动检查男孩自学的效果，在他懒惰的时候催促他一下，可以针对他的方法提一些建议和意见，使他对学习的兴趣能一直保持下去，以此来提高他的学习能力。

第76招 鼓励男孩多动脑去思考一些问题

由于男孩自身的生理特点所致，其逻辑思维能力要比女孩强，他更擅长于分析与思考。只是爱玩的天性有时候就会使男孩不愿意去发挥他的这一优势，遇到问题的时候，他反而懒得去动脑。

而这种懒于思考的表现，很明显会对男孩的学习产生很大的影响。由于不爱思考，他可能就会对某些知识理解得不透彻；由于不愿意动脑，可能一些本来很简单的问题，他就是不明白。所以，我们该帮助男孩改正这种头脑中的"懒惰"，帮助他的大脑"运动"起来。

尽量保护男孩的"异想天开"

男孩在小时候可能都会有过各种各样"不切实际"的想法，更会提出很多稀奇古怪的"为什么"，我们将他的这些想法与"为什么"统称为"异想天开"。

有些妈妈对于男孩的异想天开总是表现出不耐烦与不可忍受，甚至有的妈妈还会因此而训斥男孩。但我们这样做只能扼杀他的思考能力，所以，我们对男孩的这些"异想天开"，要有最起码的保护意识，不要指责他，也不要制止他。对于他的某些问题，如果我们知道答案，应该用正确而又带有启发性的回

答方式来给予他答案。比如，有的男孩问我们"为什么人不像鸟儿那样有翅膀"，我们就可以回答他说"因为我们和鸟儿不是同一类生物，如果你想知道得更多，不如去看看家里那本《十万个为什么》"。这样的回答相当于给了男孩提示，并引导他去拓展自己的知识面。

不过，要注意的是，我们不能不懂装懂，也不能随口瞎编哄骗他。同时，我们也要注意用一种谦虚、温和的态度去对待男孩，绝对不能表现得很傲慢。

鼓励男孩敢于怀疑

"妈妈，"典典放学回到家就对妈妈说，"我觉得今天老师讲课时有一个字用错了。"妈妈问："是吗？那你有没有问问老师？"典典摇摇头说："我看别的同学都没什么反应，我以为是我自己错了。可回家路上我想了想，还是觉得老师可能错了。"

妈妈笑笑说："其实，老师有时候也会出错，你敢于怀疑的精神是好的。要想证实你是不是正确的，你倒不如自己去翻翻字典、查查书，如果你是对的，那么明天用诚恳的态度告诉老师就可以了。"典典想了想，觉得妈妈说得很对，于是他兴致勃勃地跑去翻字典了……

"敢于怀疑"是一个人具有思考能力的重要表现之一。我们也要鼓励男孩敢于怀疑，我们可以告诉他，书上的知识大部分都是正确的，但是也不排除它有疑点；老师和父母的话，大部分也是正确的，但我们所说的却并不是绝对不能更改的。男孩要有大胆怀疑的精神，如果遇到了问题，要敢于提出，我们则要引导他通过查找各种知识资料，来解答疑惑。

当然，我们也要对男孩讲明白，有怀疑精神是好的，但有怀疑精神并不等于有"疑心病"，他也不能对所有事都抱有怀疑态度。他的怀疑也必须要有依据，要能说得出道理来。

多为男孩准备一些锻炼思考能力的题目

为了训练男孩的思考能力，我们可以多找一些锻炼思维能力的智力题。通

过和男孩一起猜谜语、做智力题,来使他的大脑变得灵活起来。这个过程中,男孩应该要真正学会遇到问题勤动脑、遇到事情想办法的方式解决问题、处理事情,而不能耍小聪明,也不能使用一些不道德的小伎俩。我们要时刻提防男孩产生这样的想法,一旦他出现了这些不道德的"解题思路",我们就要及时帮他纠正。

第77招 充分调动男孩的探索、求知欲望

我们都知道男孩好动,对一切他感到好奇的事物,都想要去动一动,想要弄清楚那是什么、做什么用的。其实,这就体现了男孩的一种求知欲望。不过,我们有时候却只看到了男孩的调皮。

比如,有的男孩想要知道蚯蚓到底是怎么"工作"的,他可能就会将几条蚯蚓抓回家,再弄一些土铺到桌子上或地上。在我们看来,男孩不仅"玩虫子",还在家"和泥",又脏又不像话。因此,我们可能就会直接冲他们吼叫说:"你干点正事行不行!"然后,我们就直接扔掉男孩的这些"宝贝",再甩给他一句"快写作业去"。

虽然我们这样做是保持了家的整洁,但我们的吼叫有可能就吼"掉"了男孩探索的兴趣;我们对他探索行为的反对与制止,也许就是在扼杀他的求知欲望。因此,我们应该保护男孩的这种探索与求知的渴望,而且还应该充分调动起他的这些欲望,使他能够学到更多的知识。

保护男孩的好奇心

曾经有一位外国教授讲过这样一个故事:

有一天,我看见一个小男孩趴在地上,我很好奇他到底在干什么,便没有打扰他。我像这个小男孩一样也趴了下来,就趴在了他的旁边,想要通过他的视角看他到底在看什么、干什么。

后来,我发现他原来在观察一只蜗牛,他在看蜗牛走过后留在地上的印迹,他还时不时地去摸一摸那黏糊糊的印迹。很长时间,他一直趴在那里,直

到后来我站起来走掉,他还在专心致志地看着蜗牛。我想,这就是孩子与生俱来的一种探索精神和好奇心吧。

男孩对一切他感兴趣的东西都会感到好奇,那个东西的构造、质地、作用他都想彻底了解,所以故事中的小男孩才会花费如此长的时间去看一只小蜗牛。此时,我们就该向这位外国教授学习,如果确定男孩是安全的,那就该允许他自由地去观察、探索,不要直接就上去制止,更不能呵斥他。

当然,有时候他还会针对他看到的东西提出各种各样的问题,我们也要注意保护他的好奇心,并且引导他自己去探寻答案。

鼓励男孩多进行课外阅读

课内知识是男孩必学的,也是他必须要掌握的。而男孩如果想要更多地了解他生活的这个世界,我们就要帮他拓宽眼界。阅读不同种类的课外书就是拓宽眼界的一个好方法。

我们首先要为男孩准备他感兴趣的书籍,因为感兴趣,所以他才能认真仔细地去阅读,他也才愿意学习里面的知识。接着,我们要适当地为男孩介绍其他方面的一些书籍,使他的知识面不仅仅局限于他感兴趣的方面,让他也要了解一些其他的知识。

在为男孩选择课外读物的时候,我们要注意选择适合男孩年龄和个性特点的书籍,不能选择太深奥的,否则他会读不懂,也许就会因此对这些知识失去兴趣。而且,我们也要让男孩注意,课外阅读就是要在课外时间进行的,他要在完成自己的正常学业之后再去进行阅读,绝对不能本末倒置。

多带男孩走出家门,引导他探索世界

要想探索世界,只坐在家里看书是远远不够的,所以我们还要带男孩走出家门,走进外面的世界。比如,我们可以带男孩走进博物馆、展览馆,让他在这些展览中开阔视野,学习各种他所不知道的新知识;还比如,我们也可以将男孩带进大自然,在保证他人身安全的前提下,任由他去探索植物、昆虫的奥

秘，引导他发现植物的特点、昆虫的习性等等；或者，我们还可以带男孩去旅游，在这个过程中，让男孩认识不同的人文地理，带他领略不同于他居住地区的山川的秀丽；等等。

在探索外面世界的过程中，我们要让男孩记住，首先注意自己的人身安全，注意不能去碰危险的东西，更不能做危险的事情；其次，在探索前最好有一个探索计划，不要盲目探索，否则他的收获是非常小的；最后，还要提醒他，探索世界与玩耍是不同的，他不能只顾着玩，否则他的探索就没有意义了。

第78招　认真地对待男孩提出的每一个问题

是什么、为什么、怎么样、怎么办、行不行……

这些都是男孩经常会问我们的话，有的妈妈听见这些问题就觉得头疼，觉得不耐烦，因为有些问题在我们看来简直就是简单之至。但是我们已经是成年人了，随着年龄、阅历的增长，了解这么多知识是应该的。可男孩还小，他才不过上了几年学，学了几本书而已，他正在慢慢认识这个世界，正在逐渐了解一切，不知道很多东西的他当然要问。我们可以仔细想一想，我们小时候不是也有过这么多的问题想让人帮我们解答吗？

所以，请丢掉我们的不耐烦吧！对男孩的每一个问题都认真对待，不仅是在保护他的求知欲望，同时也是在帮助我们对他的学习程度进行了解。而且，善于问问题的男孩，他的思维将会越来越活跃，有问题就会有收获，他的学习能力也自然就会增强。

那么，我们该如何对待男孩提出的问题呢？

当男孩有问题时，我们要认真听

盛盛对许多东西都好奇，他也总是问妈妈许多"为什么"，但妈妈经常忙忙碌碌的，要么随便应付，要么根本就没听进去盛盛说了什么。有时候，妈妈还觉得盛盛很麻烦，怎么总是问问题。而对于妈妈这种态度，盛盛也很不满意。久而久之，盛盛再也不问妈妈问题了，不仅如此，他也不再问任何人问题

了。他觉得，反正问了也没人理，还不如不问。

认真听别人说话，这是一个人最起码的礼貌。即便是对待年龄小的孩子，我们也不能丢掉这个礼貌。有很多妈妈都像盛盛的妈妈这样，每当男孩问问题时，或者是手头正忙，或者是正在想别的事情，或者干脆就不想回答他，总之就是对他的问题表现得心不在焉甚至不理不睬。我们这样的态度都会伤害到男孩的求知欲，如果我们总是这样对待男孩的问题的话，他可能以后就再也不愿意问问题了，而与此同时，他的思维也就变得懒惰起来。

所以，当男孩提问时，如果当时我们手中正在忙别的事情，我们就要提前告诉他"妈妈现在正忙，等一会儿再来问问题好吗"，以此来避免我们出现"一心二用"的情况；如果当时我们的确没有什么其他的事，那么就要认真听男孩将问题问完，并要通过沟通来了解他的问题是在什么条件下产生的，以帮助我们更好地给予解答。

学会正确回答男孩的问题

这里我们所说的正确回答，并不是要我们不管遇到什么问题，都要完整地、详细地将所有问题都解释清楚。我们应该针对男孩问题的性质进行智慧的解答。

比如，男孩问我们"那是什么"，此时我们可以只告诉他那个东西的名称，然后就可以引导男孩自己去查找这个东西的其他特征，让他经过自己的努力来获得他想要的知识；如果男孩问我们"怎么办"，我们则可以和男孩一起去寻找解决这个问题的办法。

有时候，男孩问的问题可能会非常深奥，以至于我们也不知道答案。这时，我们最好诚实地告诉他"我不知道"，过后我们可以这样说："不如你去好好找一找答案，然后做妈妈的老师，给妈妈解释清楚这个问题吧！"这样一来，男孩就有可能受到激励，并且能够认真地去寻找问题的答案。

提醒男孩要学会自己去解决问题

虽然我们要对男孩的问题认真对待，但我们也要提醒他，随着他慢慢长

大，他掌握的知识也慢慢增多了，他也要学会凭借自己的能力去解决问题。也就是说，男孩要学会慢慢脱离对我们的依赖，学会"自给自足"。

我们要为男孩作好充足的准备，知识类的书籍是必不可少的，比如《十万个为什么》等书籍；也可以为他办理一张图书馆的借阅证，并教他学会借阅、还书的程序，当他再遇到问题时，如果家中的书籍知识量不够，他可以去图书馆查找更多的资料；我们也可以教男孩学会在网络上进行知识搜索，不过在使用电脑时我们需要格外注意，要控制好男孩的上网时间和浏览内容，以防止他受到网络上一些不良信息的污染。

第79招 尽可能地创造条件开阔男孩的视野

一个人视野开阔，也就是我们常说的"见识多"。对于还是学生的男孩来说，拥有广博的知识和各种能力，才是他学习最主要的目的。

说到开阔视野，有的妈妈可能会说，不就是让他多看几本书、多带他出去走走吗？我们能有这样的想法不算错，但仅仅做到这些是远远不够的。我们不能只单纯地告诉男孩做什么，我们该让他有自主探索、自觉开阔视野的渴望。我们要尽可能地创造条件帮男孩打开视野，并使他不断为自己补充更多的知识。

多向男孩问几个"为什么"、"怎么办"

我们经常会听到男孩问我们很多"为什么"，这是他求知欲旺盛的表现。不过，我们也要适当地反问男孩几个"为什么"，以调动他对知识探索的兴趣。

自从小越上小学以来，妈妈发现他除了看看课本，很少再接触其他知识类书籍，学习上也比较死板，知识储备明显不够。于是，妈妈决定要帮小越"打开"视野。

妈妈有时候会用生活中遇到的各种生活现象来对小越提出问题，比如，为什么"开水不响，响水不开"；有时候，她还会向小越"求助"，比如，她会问他怎么才能用最短的时间安排好做饭洗衣这些家务活；等等。通过这些提问，小越的求知欲被充分调动了起来，他为了解答妈妈的问题，就必须要去翻

看更多的资料，为了能"帮"到妈妈，他也必须要好好复习书本上的知识，并通过动手来进行实验。后来，小越不用妈妈再问，自己就会找问题去查资料了，他懂的越来越多，妈妈再也不用为他担心了。

其实，我们的问题就是在为男孩打开一扇未知的门，就像小越的妈妈对小越的提问一样，这些问题有的就发生在我们身边，男孩虽然熟悉却不了解，因此这很能引起他的兴趣。当然，我们的问题要注意不能太幼稚，要根据男孩的认知水平来提问；同时问题也不能太深奥，否则男孩光弄懂问题是什么可能就要花费很长时间，这就与我们的初衷相悖了。

适当带男孩了解一些新鲜事物

有的妈妈很不愿意男孩接触新鲜事物，因为男孩原本好奇心就强，新鲜事物对他具有极强的吸引力。她们害怕男孩总是"惦记"新事物而不再专注于学习这个本业。但是，如果我们越不让男孩去认识新事物，他可能反而会越发好奇。所以，我们可以适当带男孩了解这些新鲜的东西，这也是帮他开阔视野的一种好方法。

我们在让男孩了解新事物时，可以在旁边加以引导。比如，带男孩看最新的科技展，我们可以告诉他这些新科技都是需要人们不断学习、研究才完成的。如果他也想了解其中的奥秘，就要学习更多的知识。

对新鲜事物的了解，不仅会扩大男孩的知识领域，同时我们的引导还能激发他的上进心，使他也可能产生创造更多新事物的梦想。这样一来，男孩对学习就会更加有兴趣。

为男孩圈定一个"视野范围"

我们虽然要为男孩的视野开阔创造条件，但与此同时，我们也要为他圈定一个"视野范围"。因为新鲜事物除了有好的，还有坏的，比如新式样的毒品。男孩还不具备足够的是非分辨能力时，在好奇心的驱使下，他也许就会对所有新鲜事物都产生兴趣，而不去考虑好坏。

所以，我们应提前告诉男孩，只有有益于国家、社会、个人进步的新鲜事物，才是值得他去了解的事物，而那些会让人堕落、危害社会的新鲜事物，当他了解这些东西的危害之后，就一定要远离。

第80招 教男孩掌握一些有效的学习方法

学习需要方法，良好的学习方法可以使学习事半功倍。我们可能都羡慕那些考试状元，但他们也恰恰是因为有了有效的学习方法，才让自己掌握了更多的知识，并能在考试中对这些知识运用自如。

我们需要教男孩掌握一些有效的学习方法，好的学习方法会让他学习起来事半功倍，而且还能引起他对学习的兴趣。

告诉男孩如何预习

预习能对学习起到一个"提纲挈领"的作用，有效的预习将会帮助男孩提前发现他要学习的课程都有怎样的问题、他想要了解怎样的知识、他有哪些不明白的地方。而且，提前预习也能让他对要学的知识有一个大概的认知，等到老师再讲课的时候，他就会有目的地去听课了。

我们可以让男孩根据不同的课程来进行预习，比如文科他可以先通读第二天要学的课程，将一些他暂时不太理解的地方画出来，留到上课时再认真听讲；理科则可以先熟悉一下要学习的定理、公式等内容，可以尝试着自己进行一下练习，等到上课时，再对照老师的讲解，看与自己的理解是否相符，如果不相符，就要仔细听一听老师是怎么讲的，把疑惑彻底弄明白。

教男孩学会正确的复习方法

复习对很多男孩来说都有困难，因为男孩在放学以后，更愿意去放松、去玩耍，写作业有时候对他来说都成问题，更别提让他复习了。不过，我们要让男孩明白，复习是为了帮助他更好地领会已经学过的知识，而且写作业本身就是对学习的一种复习，他可以将复习与写作业联系起来。

最开始时，我们可以通过提问来帮男孩有一个基本的复习思路，比如我们可以问他"今天学了什么新知识"、"你觉得自己有什么收获"，这将帮助男孩回忆一天中他所学的课程内容。之后，我们再让他想一想，听完老师讲课之后，他有哪里还不太明白，有哪里掌握得不太牢固，然后我们要么是给予他一些指导，要么是让他自己先去钻研解决。

提醒男孩摸索出属于自己的学习方法

晓宇的学习成绩很让妈妈担忧，妈妈怀疑是他没有掌握好的学习方法，于是便对晓宇说："你得掌握学习方法呀！要不，你向班上学习好的同学取取经？"晓宇很听话，通过和学习好的同学聊天、询问，他发现果然有好的学习方法，成绩就能上去。

晓宇觉得，既然他们用这种方法能考好成绩，自己也这样做得了。结果，他照搬了一位同学的学习方法，看人家怎么做，他也怎么做，人家看什么书，他也看什么书。妈妈一开始还觉得晓宇的学习终于"步入正轨"了，但又一次考试结束后，她发现晓宇的成绩不但没有进步，反而退步了。妈妈和晓宇都纳闷了，为什么有了学习方法却依然没让成绩提高呢？

照搬他人经验，就相当于随便穿了一双不知道是否合脚的鞋子。一旦鞋子大了、小了，都会让脚觉得非常不舒服，严重的还有可能使脚受伤。晓宇这种完全照搬他人学习方法的做法，由于没有联系他自己的特点，他的学习只是一种简单的模仿，自然会没有效果。

所以，我们要提醒男孩，他需要看清自己，了解自己学习的特点、对知识的掌握程度，对自己的薄弱环节要注意弥补，对自己的强项要注意保持，这才是属于他自己的学习方法。而男孩只有运用适合自己的学习方法，用起来才能顺手，成绩才有可能有进步。

第81招 关注男孩的兴趣，避免他产生厌学情绪

我们对自己感兴趣的事情都会格外在意，做起来也会格外认真，效率也

高。男孩也有自己的兴趣,也许是对某一学科感兴趣,也许他的兴趣与所学的课程又完全无关,但不管是哪一种,如果我们对他的兴趣不闻不问甚至还要扼杀他的兴趣,进而逼迫他只能学习,那么叛逆的种子就会在男孩内心生根发芽,最终他也许会对学习产生一种厌恶情绪。

别把我们的兴趣当成男孩的兴趣

一位妈妈曾经这样诉苦说:

我还不是为了让我儿子好好学习?他整天都"长"到篮球上。不让他打球、看球,他还跟我发脾气。因为我自己就从事外语方面的工作,深知外语的作用,所以我给他报了个英语班。结果他竟然给我逃学!他怎么就这么不让人省心呢?

乍一听上去,这位妈妈的确是在为了男孩的学习而操心,她内心的急切我们也可以体会到。不过,很显然,喜欢外语的妈妈将自己的兴趣强加在了儿子头上,而且,还遏制了儿子的兴趣发展,这才导致这个男孩最终产生了厌学情绪。

我们的兴趣不是男孩的兴趣,绝对不能硬将我们喜欢的事物强塞给男孩。我们可以将自己的兴趣讲给男孩听,作为他兴趣选择的一个参考。但归根结底,我们还是要尊重男孩自己的兴趣,并通过正确的引导让他的兴趣和学习都能得到同步的发展。

引导男孩正确对待自己的兴趣

男孩的某些兴趣最初只是和玩联系在一起的,比如一些体育类活动,如果他不能好好对待这些兴趣,到头来他只能停留在玩的阶段,也许还会因为玩得过头而耽误了学业。

因此我们要引导男孩正确对待自己的兴趣,如果是他感兴趣的学科,我们可以鼓励他多接触这一学科的内容,并帮助他将这一科学透、学精。同时我们也要提醒他,在学好这一学科的同时,还要兼顾其他学科的内容。我们可以引导他找到各个学科之间的联系,使他明白每一门学科都不是独立存在的,让他

所有学科的学习都能均衡发展。如果是他学习以外的兴趣，我们则要引导他的兴趣向正确方向发展，并让积极向上的兴趣成为他学习的辅助。

另外，我们也要提醒男孩，他的兴趣最好集中在最主要的几个上面，如果兴趣太过广泛，他不仅会顾及不过来，而且还有可能让他的学习时间也被挤占。

提醒男孩不要为了兴趣丢了学习

我们之所以忽略甚至遏制男孩学习以外的兴趣，就是担心他的时间会被这些"无聊的"兴趣所占据，这样他对学习的兴趣就下降了。

所以，我们要提前给男孩打好预防针，他要分清学习与兴趣的主次关系，要以学习为主，兴趣为辅，绝对不能本末倒置。如果学习与兴趣发生冲突，他就要学会"忍痛割爱"。毕竟他现在还处于学习知识的重要阶段，学习才是重要的。

在家里，我们可以对男孩起到督促作用，但我们也要让他养成好习惯。当男孩走出家门去上学时，他也要能约束自己，不要脑子里只想着兴趣，而出现逃学、旷课、迟到、早退等行为。

当然了，如果男孩真的出现了这样的行为，我们也要保持理智的态度。在肯定他的兴趣的同时，再引导他认识到学习的重要性。

第82招 不要仅仅用成绩单评判男孩的好坏

我认为，成绩单是评判男孩学习效果的唯一凭证。

我认为，如果男孩成绩好，那么这个男孩就一定是个好孩子。

我还认为，只有学习成绩才能证明一个人的一切。

……

著名教育专家孙云晓说："童年恐慌，就是儿童由于面临巨大的压力，不能理解、不能承受而产生的一种焦虑。"而现在，我们这种种的"认为"却恰恰就是让男孩产生压力和恐慌的根源。凭借一张成绩单，凭借上面那几个鲜红的数字，我们似乎就可以看得到男孩的未来，进而我们会由此下结论，甚至因

此变得悲观起来。殊不知，我们的这些表现，将会给男孩带来怎样的心理影响！他可能会因此而厌恶学习，也许会就此自暴自弃，还可能会因为我们的这种"结论"而变得悲观厌世。

所以，我们不能因为一张或几张成绩单就否定了男孩全部的成长，更不能以此来判断他的好坏，我们是时候去改变对成绩单的态度了。

别将成绩单看成是衡量男孩学习成果的唯一标准

我们可能都有这样的认知：考试就是对前一阶段学习的检测，考试成绩自然也就是检测的结果。如果成绩好，自然表明前段时间男孩学得好；如果成绩不好，当然就是他没有好好学习。

2010年4月9日的《楚天都市报》上曾经有一篇报道，说一位12岁的男孩因为考试成绩不好，而被父亲打骂。父亲出门后，男孩就用红领巾在家上吊自杀了。当男孩的母亲发现男孩后，连忙将他救下来，但他早已停止了呼吸。

成绩只能代表男孩学习的一方面，我们绝对不能像这则新闻报道中所说的那样，只因为一次成绩不好，就将男孩逼上了绝路。其实，成绩单并不能完全证明男孩的学习成果，因为在考试中他如果粗心，或者没有掌握正确的考试技巧的话，他的成绩也一样会出现不尽如人意的情况。

所以，我们应针对男孩的成绩，通过他的试卷来与他进行沟通，了解他考试成绩差的真正原因。只要我们的思想放开了，将他的成绩单看成是反映他学习上的小漏洞的一种方式，然后对他加以指导，这将能让他得到更大的进步。

与男孩一起正视他的考试成绩

我们之所以要正视男孩的考试成绩，是因为我们要清楚男孩的考试成绩会受各种因素的影响。我们要做到"对症下药"，如果是他粗心，我们可以让他多进行一些锻炼细心的小练习，比如穿针练习、拼图练习等等；如果是他没有考试技巧，那么我们就要教他如何合理分配答题时间，做题时要先易后难。

而要男孩正视自己的考试成绩，则是在提醒他，虽然一次考试不算什么，

但是出现了不如意的成绩对他也是一种警示,他应该就此来检查自己之前的学习是不是出现了漏洞,并及时进行补充学习。

培养男孩各个方面全面发展

一个人好不好,其实还是要看他的全面发展。所以,我们对男孩的"评判"也要跳出成绩单这个小小的范围。成绩单上的数字对我们来说只能是一个参考,男孩除了要有一个良好的学习成绩,他还需要培养各种能力,需要提高自身的综合素质。

另外,我们不能只盯着他的数理化等"主科"的成绩,其他诸如政治、地理、历史一类的课程我们也要给予关注并提醒男孩尽量做到各科均衡发展。

第83招 允许男孩出去玩,让他注意劳逸结合

强强刚上小学四年级,但妈妈对他的学习抓得非常紧。在妈妈的催促下,强强每天除了上学,就是上辅导班,要不就是在家里做练习册。

可是最近几天,老师向强强的妈妈反映说,强强上课总是打瞌睡,注意力也不集中,有时候刚上到后半节课,他就睡着了。妈妈觉得很奇怪,于是按照老师的建议带着强强去医院进行了一次检查。结果,医生诊断他是脑负担过重,并出现成年人才有的疲劳综合征。最后,医生建议强强的妈妈,一定要让他劳逸结合,否则这种病症会更加严重。

我们对孩子的学习看得都格外重,因此对他也就抓得格外紧。男孩每天要早早出门,下午放学后有的男孩还要去参加课外兴趣班。回到家之后,他还要写作业、做练习,有时候写完就已经到晚上十点钟了。我们还有周六周日可以休息,但很多男孩却要在这两个休息日里去上各种辅导班。由此算来,男孩一天的"工作量"甚至和我们这些成年人都不相上下。

很显然,正是这种"超强的工作量"才导致强强小小年纪就出现了成人才有的疲劳综合征。我们应该采纳医生的建议,要给男孩一定的休息和娱乐的时间,让他注意劳逸结合。男孩只有身体健康、精神愉快,他的学习才能更有

成效。

和男孩一起列一个时间表

我们之所以要和男孩一起列这个时间表，是因为男孩本身的自控能力有些差，如果让他自己去列时间表，他可能就会更倾向于将休息的时间安排得多一些；而相反的，如果是我们来为男孩列时间表的话，望子成龙的我们一定会期望他多学习，即便是他休息的时候我们也会不自觉地为他安排上诸如背单词、背课文等等活动，从而使他的负担加重。

所以，我们要和男孩商量着来，根据他现阶段要学的科目和已有的一些辅导班，我们来帮他将学习的时间与休息的时间分开安排。在他学习一段时间之后，就要让他活动一下。而且遇到周末时，也要适当为他安排一些娱乐时间，让他的身心都得到放松。

告诉男孩，认真学，认真地休息

有的男孩即便有了时间表却会出现这样的情况：学的时候想着还有几分钟就可以休息了，可真到了休息的时候他又想着刚才的学习没有什么进展。这样一来，学也学不踏实，休息也休息不好，这样的"劳逸结合"就是失败的。

所以，我们要告诉男孩，如果是学习时间，就要集中精力，认真钻研；而到了该休息的时候，就要真正抛开书本，彻底让大脑和身体得到放松。当然，我们也要提醒他不能太死板。比如，他原本在做练习册，但由于题目有些难，所以到了限定的时间没有做完，他应该是先尽量将该做的题、该学的知识告一段落之后，再去休息，而绝对不是到了时间就一定要休息。他的时间表大方向是不变的，但是其中的具体时间他要灵活掌握。

提醒男孩休息的方式不只是玩

一说到要劳逸结合，男孩可能都会想到，"劳"自然是指学习，"逸"就是玩了，因此很多男孩在休息的时候就是单纯地玩，这也难怪我们很多妈妈不

愿意让男孩"劳逸结合"了。

其实休息的方式不只玩儿这一种，男孩还有很多可做的事情。比如，他可以在这个时间里进行体育锻炼，跑跑步、打打羽毛球或者去健身器材上去锻炼一下；他还可以利用这段时间来帮我们分担一些家务，简单地扫扫地、浇浇花，或者是带宠物去散散步等等；他还可以利用这段时间进行他的兴趣活动，画画、写字、做小实验，让大脑从书本中暂时解脱出来……

第十章　好妈妈不吼不叫，有效地提升男孩的财商

财商是一个人在财富方面的智力，拥有高财商的人，不仅能很好地控制和驾驭金钱，还能利用金钱给自己带来更多财富。如今，财商已经同智商、情商一起成为教养孩子必备的内容。但是，孩子的年龄小，自控能力弱，心理不够成熟，这都对妈妈培养男孩的财商构成了挑战，然而，好妈妈一样可以想出办法在不吼不叫的前提下提升男孩的财商。

第84招　坚决拒绝男孩的不合理要求

丁杰放学了，妈妈接了他就去超市买东西。在超市里，丁杰看上了一辆遥控车非要买。妈妈说："家里已经有5辆遥控车了，不能再买了。"丁杰死缠烂打非要买，妈妈生气地说："不行，今天就不买。"丁杰开始大哭，边哭边喊"我要买车"。爱面子的妈妈哪里忍受得了众人的眼光，就赶紧付钱买车，拉着丁杰出了超市。

相信妈妈们对这样的情形并不陌生。孩子3岁前，妈妈看着什么东西都好，都想给自己的儿子买回家。等到孩子慢慢长大了，他就开始自己提要求买东西了。而且孩子的欲望很强烈，只要是新鲜的、家里没有的东西他都想买，一旦我们不同意购买，他就会哭闹，有些孩子还会在地上打滚。有些妈妈一见到这种情形就赶紧把东西买了回家，以此来平息这场"骚乱"。这样就形成了一个恶性循环：孩子要买—妈妈不同意—孩子哭闹—妈妈赶紧买。

这种恶性循环还不是满足孩子不合理要求的最坏结果,它还会带来以下两方面的问题:

第一,市场上越来越多的食品都使用了添加剂,这些添加剂吃多了会伤害孩子的身体,但妈妈在孩子的哭闹中不得不给孩子买,于是孩子吃下了很多垃圾食品。另外,孩子买东西有时候就是一时冲动,他未必真的喜欢,真的需要,买回家后可能就将物品丢在一旁,这样家里就堆了很多无用的物品。扔了吧,那是用钱买的;留着吧,既占空间孩子也不玩,让我们左右为难。

第二,妈妈主动地满足或者被逼着满足男孩的不合理要求,还会让他养成乱花钱的不良习惯。因为男孩提出的要求妈妈都会满足,那他的脑海里就没有"合理"与"不合理"的区别。等到自己开始使用零花钱时,他就会乱花钱,想买什么就买什么,而不管这个东西自己是否真的需要。

为了避免这些问题出现在男孩身上,妈妈一定要坚决地拒绝他的不合理要求。当然,在态度坚决的同时,还可以想一些有效的办法,让孩子更容易接受我们的意见。

平静地面对男孩的哭闹

如果我们已经在满足男孩不合理要求方面形成了恶性循环,再和孩子说"不"是不太容易的。妈妈一定要有心理准备去承受孩子哭闹时别人看我们的眼光,其实妈妈只要想着说"不"对男孩的未来发展有莫大的好处,那这一时的眼光也就不算什么了。

当男孩哭闹时,妈妈可以平静地看着他,当他发现哭闹不起作用时,他的情绪就会慢慢平复下来。这个过程的长短因人而异,但妈妈必须要有耐心。当男孩平静下来的时候,我们可以跟他说:"你需要的东西,我一定会给你买。你想要的东西,可以告诉我,我考虑考虑再决定要不要给你买。但是如果你用哭闹或发脾气的方式来威胁我,那我一定不会给你买。"如此坚持一两次,孩子就不会在超市里用哭闹的方式威胁我们了。

第十章 好妈妈不吼不叫，有效地提升男孩的财商

告诉男孩什么是合理的需要

市场上的物品有成千上万种，但并非每一种都是我们需要的，所以，我们要买自己最需要的、价廉物美的商品，这对孩子来说也一样。但孩子年龄小，他不知道哪些该买哪些不该买，这就需要我们告诉他。比如，我们给他买裤子时可以告诉他，因为他以前的裤子瘦了小了不能穿了，所以要买。而如果孩子在有铅笔用时又要买新的，我们就可以告诉他"不能买，因为你的铅笔还可以用"。多次说出买的理由和拒绝的理由，孩子就知道什么是合理的需要了。

教男孩控制自己的欲望

我们看到精美的物品都忍不住有买的冲动，更不要说自控力还比较弱的孩子了。我们在理解孩子的欲望的同时，也要教男孩控制自己的欲望。如，出门购物前，我们先问问孩子有没有需要买的，如果有，再让他说说为什么要买，如果合理就同意。当然，除了需要买的之外，其他的东西是一概不能买的。慢慢地，孩子就学会了在物品面前控制自己的欲望了。

第85招 教男孩懂得"一粥一饭，来处不易"

很久以前有个木匠，他的手艺非常好，远近闻名，找他做工的人很多，这些人给他的工钱也很高。但是，木匠却一直没有富起来，因为他花钱总是大手大脚。在他居住的村子里有一个富翁，人们看不出富翁有多忙碌，但富翁却越来越富有。木匠很纳闷，有一天，他就登门去拜访富翁，说他想请教致富的经验。富翁明白来意之后说："请稍等，让我关了灯再说。"木匠一听这话就说："我明白了。"然后告辞离去。

从这个故事中不难看出，富翁之所以富有，其中很重要的一个原因就是他懂得节俭。

节俭是我国的传统美德，古人认为："俭，德之共也；侈，恶之大也。"很多名人在他们的治家格言中也都提到了节俭，如明代理学家朱柏庐在《朱子

家训》中说:"一粥一饭,当思来处不易;半丝半缕,恒念物力维艰。"

但是,随着社会经济的发展,生活水平的提高,很多人都淡忘了祖宗的教诲。他们认为自己有能力为孩子提供较为富裕的物质生活,而且只有一个孩子,父母挣的钱花在他身上是理所应当的。结果,我们在孩子身上大手大脚地花钱,孩子也任意挥霍他的零花钱。我们以为节俭的时代已经过去了,而孩子脑海中也丝毫没有节俭的概念。

节俭真的成为过去式了吗?当然不是。从持家的角度来看,"成于艰辛败于奢侈"是千古不易的道理,如果只知挥霍不知节俭,一个家迟早会成为一个空壳。从男孩的角度来看,让他大手大脚花钱,他就会以为我们挣钱很容易,也就不会尊重我们的劳动。从社会资源的角度看,物品越来越丰腴,地球上的资源就越来越少,如果大家都肆意挥霍,等到地球资源枯竭的时候,孩子又去消费什么?由此看来,节俭也就是要珍惜地球的有限资源和人类自身的劳动成果。所以,即使在物质富足的今天,我们依然要教男孩懂得节约。

要做一个懂得节约的妈妈

大多数的家庭都是妈妈持家,那妈妈就要为男孩做一个勤俭节约的好模范。如,做饭时尽可能地适量,不要因剩余而造成浪费;家中用品要尽力物尽其用,破旧衣物不要扔掉,可以用来擦家具、擦地;使用水、电也是要能省则省……男孩受我们的影响,也会自然而然地懂得节约。

给男孩讲讲节约的故事和道理

古今中外,都有很多关于勤俭节约的故事,如北宋的词人晏殊处理公务时十分注意节约,他常常将收到的书信、公文等的空白无字的天头、地角、边头都裁下来,有空时用熨斗将它们熨平,用于写诗、填词时打草稿。再如,伊丽莎白二世虽贵为英国女王,但她经常把英国谚语"节约便士,英镑自来"挂在嘴边,每天深夜她都亲自熄灭白金汉宫小厅堂和走廊里的灯。我们可以给男孩讲讲这方面的故事,让他通过故事明白节俭的道理。

在生活点滴小事中教会男孩节约

小学二年级学生丁立伟坐在桌前写作业,妈妈在一旁的沙发上看书,正看得入迷,突然听到"刺啦"一声响,吓她一跳,抬头一看,原来是丁立伟从本子上撕下了一张纸。妈妈问他:"你为什么撕作业本上的纸啊?"丁立伟头也不抬地回答:"我写错了一个字。"妈妈说:"写错一个字就把这一页撕掉,太浪费了,你可以用橡皮把错字擦掉啊。"丁立伟抬头看着妈妈说:"嗯,知道了。"

虽然我们要求男孩懂得节俭,但他未必知道如何才能做到节俭,这就要我们在日常生活中提醒他,告诉他如何做。如盛饭时要适量,这样吃饭时就不会剩饭了;书包、铅笔盒不要随意换新的;衣服裤子只要舒适保暖即可,不一定非要是名牌等。

让男孩去体验挣钱的辛苦

对于大一些的男孩,我们还可以让他利用假期去卖报纸、摆小摊等,通过这些活动,孩子不仅能增加自己的生活体验,更重要的是他能体验到挣钱的辛苦,从而懂得珍惜父母的劳动,节约钱财。

第86招 对男孩一定要"智爱"而不是溺爱

明明的爸爸妈妈做生意很忙,姥姥、姥爷帮着照看明明。早出晚归的妈妈几乎没有陪明明玩过,偶尔抽出一些时间就是带明明到超市里买东西。买东西的结果用妈妈的话说就是"把超市都快搬回家了"。

除了买东西,妈妈对明明的其他要求也是有求必应。一天半夜醒来,明明哭着要吃冰激凌,家里没有,妈妈就让爸爸开车去买。爸爸抱怨到:"你太溺爱明明了。"妈妈说:"我就这一个儿子,我还不溺爱?"

所谓"溺爱",就是将男孩淹没在爱的海洋里。让男孩生活在爱的海洋里固然好,但如果将其淹没就未必好了。

现在社会上有一部分人被称为"啃老族",即成年后不外出工作而仍然靠父母养着。他们之所以成为"啃老族",很大一部分原因就是因为年幼时父母过于溺爱,什么都替他们做,要什么给什么,这样的孩子长大后没有独立能力,也不想吃苦,只好"啃老"了。

现代社会上的很多孩子都是独生子,他们在人们眼里是自私、任性、狭隘、虚荣、骄傲的,他们的意志力薄弱,心理承受能力差。为什么会这样?其主要原因仍然是溺爱。前苏联教育家马卡连柯曾说:"现在一个家庭只有一个孩子,父母会有意无意地娇惯、迁就、溺爱,加上没有兄弟姐妹的相互制约,很容易使孩子养成骄傲、任性、自私、虚荣的性格,给孩子和家庭带来不幸和祸害。"前苏联著名领导人捷尔任斯基也说:"父母溺爱和娇惯孩子,满足他们的任性要求,他们长大就会堕落,成为意志薄弱、自私自利的人。因此,父母的爱不应该是盲目的。"

毫无疑问,父母都爱孩子,尤其是妈妈,那怎样爱孩子才是不盲目的呢?答案是"智爱"。"智爱"其实就是爸爸妈妈以及其他人充满智慧地爱孩子。

安安出生后,妈妈跟公司商量了一下,公司将她调到一个工作相对灵活的岗位上。这样她有空就陪安安一起玩耍。安安的自理能力很强,他会吃饭、穿衣后,妈妈从不主动帮他。虽然家里的经济还比较宽裕,但妈妈也从不给安安买非常昂贵的衣物,从不在安安身上大手大脚地花钱。安安一天天地长大了,见到他的人都说他独立性很强,也非常懂事。

可以说,安安的妈妈是个比较有智慧的人,她懂得安安需要什么,然后给了安安有质量的爱、科学的爱,也就是"智爱"。

"智爱"是多陪陪男孩,而不是用金钱来弥补自己的愧疚感。很多妈妈由于工作忙碌,陪伴孩子的时间非常少,为了减少内心的愧疚感,就用丰厚的物质生活来补偿孩子。或者给男孩买昂贵的衣服、精美的玩具,或者给男孩很多的零花钱。其实,男孩在物质上的要求很低,只要吃饱穿暖即可,他真正需要的是妈妈的陪伴,也许每天只有一个小时、半个小时,但只要是全心全意的就好。所以,妈妈还是要多陪陪男孩,给他精神之爱,而不是物质之爱。

"智爱"是给孩子自由,让他自然地成长并能够独立生活。常常见到很多妈妈,男孩会吃饭了,但为了让他多吃一些,就依然喂他吃饭;男孩想去玩泥、玩土,想爬树,妈妈嫌脏,就让他待在家里玩玩具;男孩想要学游泳,妈妈觉得钢琴更能培养他的高雅气质,就自作主张给他报了个钢琴班……孩子一天天长大,他最初是身体不自由,慢慢就是精神不自由,既然什么都不能自己做主,那就完全依赖妈妈吧。

这是溺爱,"智爱"完全不是这样。"智爱"是让孩子在不伤害自己、不伤害他人、不损坏物品的前提下自由地玩耍;在餐桌上吃什么、吃多少由他自己决定;学什么也是在跟孩子商量后由孩子最终作出决定。这样成长的孩子是独立的、自主的,能为自己负责的。

"智爱"是不留给孩子大笔财富,扼杀他自我奋斗的愿望。世界首富比尔·盖茨和他的妻子、美国建筑业巨头约瑟夫·雅各布斯和他的妻子以及其他很多有远见卓识的富翁父母都不会给孩子留大笔的财富,因为他们知道这会让孩子成为金钱的奴隶,也会扼杀他们通过自己辛苦劳动来挣钱的愿望。这些富豪尚且如此,我们这些普通父母是不是更应如此?

第87招 让男孩从小就懂得生活的艰难

欧阳修是我国宋代著名的文学家、史学家,他很小的时候,父亲就去世了,母亲带着他靠纺织艰难度日。欧阳修稍大一些后,母亲就教他读诗、认字。欧阳修到了上学年龄,可是家里没有钱供他去私塾念书,母亲就在地上铺沙为纸,用长在池塘边的荻草当笔,教欧阳修写字,欧阳修也练习得一丝不苟。家里没有书,母亲就带他去附近藏书多的人家借书、抄书……虽然生活如此艰难,欧阳修却最终成为了当时文坛上著名的文学家,并青史留名。

在历史上,与欧阳修有类似成长经历的人非常多,他们都通过自身的努力最终成名成家。功成名就之后,他们大都对曾经的艰难生活抱着感谢的态度。法国大作家巴尔扎克说:"苦难对于人生是一块垫脚石,对于能干的人是一笔财富,对于弱者是万丈深渊。"俄国作家奥斯特洛夫斯基也说:"人的生命似

洪水奔流,不遇上岛屿和暗礁,难以激起美丽的浪花。"

但是,今天的孩子却很少能体会到生活的艰难。首先,父母都不愿意让孩子感受到生活的艰难。现在的家庭中几乎都只有一个孩子,父母不忍心让这一个孩子再受苦受穷,于是富裕的家庭对孩子愈加百依百顺,经济拮据的家庭也会想尽办法让孩子过上好的生活。其次,大多数孩子都没有机会去体验生活的艰难。物质极大丰富,在超市里想要什么就有什么;交通便利,想去哪里就可以去哪里;通信便捷,想跟谁说话就可以跟谁说话……

由于不懂生活的艰难,我们的男孩只会大手大脚地花钱,不懂得珍惜劳动成果、珍惜钱财,也不懂得感谢父母;由于不懂生活的艰难,我们的男孩就只会享受方便、快捷的生活,而不懂得去开拓和创造生活;由于没有经历过生活的艰难,我们的男孩没有承受生活中的苦难的能力,很容易屈服于生活的苦难……"自古纨绔少伟男"是千古不易的道理,我们希望自己的男孩这样吗?当然不希望,那我们就要想办法让他懂得生活的艰难,经历一些艰难。

不对男孩隐瞒家庭生活艰难的现状

对于经济拮据的家庭而言,妈妈不要因家庭现状而对男孩存着愧疚心理,因为我们已经给了他生命,这是最好的礼物。妈妈也不要对男孩隐瞒生活现状,要让他看到父母在辛苦地为生活奔波,父母是积极的,是想创造更好的生活。而他作为家庭成员,有责任也有义务为家庭做出一些力所能及的贡献,让生活日渐美好。

刻意创造机会让男孩体会生活艰难

对于经济状况良好的家庭来说,妈妈不要一味让孩子享受富裕的生活,而是要刻意创造一些机会让男孩去吃点"苦"。近年来,日本学校比较流行的做法是,将清汤萝卜、粟粒煮成的"饥馑午餐"定期向学生供应;即使气温再低,在规定要穿短裤、短裙的日子里,所有学生都必须换上短裤或短裙,而即使气温再高,在规定要穿长衣长裤的日子,所有学生也必须换上长衣和长裤……有些做法我们也可以仿效,如让男孩吃粗糙的饭菜,让他忍饥挨渴;让

他独自背着沉重的包去参加夏令营，尝尝负重的滋味；假期的时候不给他零花钱，让他自己通过劳动去赚取等。通过对比，孩子就会珍惜现有的生活，也会珍惜父母辛苦工作赚回的钱。

让男孩到偏远的地区生活一段时间

久居城市的孩子，觉得任何地方都交通便利，物品应有尽有。其实不然，我国有些地处偏僻的山村还很贫穷，那里的孩子上学要翻山越岭，吃饭还是窝头咸菜，衣服也很破旧……我们可以带孩子到这些地方生活一段时间。经过这段时间的生活，男孩就会明白生活是艰难的，父母给他创造出现有的生活也是非常不容易的，他可以节约一些钱财去改善偏远地区人们的生活。

第88招 注重培养男孩的忧患意识

19世纪末，美国康奈尔大学曾做过一个非常著名的"青蛙试验"：实验者将一只青蛙突然放进煮沸的大锅里，青蛙触电般地立即跳了出来。半个小时后，实验者又把它放在一个装满凉水的大锅里。青蛙在自由地游动，而实验者慢慢在锅底添火加热，青蛙虽然能够感觉到外界温度的变化，却因惰性而没有立即往外跳，等到后来的温度让它觉得无法忍受时，它却再也跳不出来，只能葬身锅底了。

有科学家对这个"青蛙实验"做了分析，他们认为这只青蛙之所以能从沸水锅中跳出，是因为它受到了沸水的剧烈刺激。第二次由于水温是慢慢变热，它没有明显感觉，便失去了危机感，当危机真正来到的时候，它却已经没有能力逃生了。

这个"青蛙实验"的结果提醒人们一定要有忧患意识。

其实，人们要有忧患意识的观念并不是自这个"青蛙实验"后才开始出现的。我国春秋战国时期的著作《左传》中就已经有了"居安思危，思则有备，有备无患"的说法。

在现实生活中,人们也知道忧患和安乐是相伴而生的,在安乐之中思虑忧患、思虑危机,才能让自己在危机来临之前保持清醒,并保持着不断奋进的动力。一个民族拥有强烈的忧患意识,这个民族就能生生不息;一个成年人拥有强烈的忧患意识,他就会不断寻找对手挑战自我,从而获得事业的不断发展;而一个男孩拥有强烈的忧患意识,他就会在成绩面前不自满,不满足于现状,不断地努力以提升自己。

如果男孩生活在富丽堂皇的环境中,过着衣来伸手、饭来张口和大手大脚花钱的日子,既不用担心没有学校接纳他,也不用担心没有工作,那他就会不思进取,就会因惰性而成为"温水青蛙",一旦这种生活状态发生变化,他就可能既无法适应,也无法承受。

从财商的角度来看,如果一个男孩没有忧患意识,他就不会想到要去理财,他的理财能力和财商也就无法得到提高。没有理财能力、没有较高的财商,男孩进入社会后的生活可能真的就会出现危机了。

所以,如果妈妈有长远眼光,并真心地为男孩的未来着想,她就会注重培养男孩的忧患意识。

告诉男孩贪图安逸的危害

忧愁思虑使人获得生存发展,而安于享乐则会导致人萎靡消亡。这个道理也是需要我们告诉孩子的。如果男孩总是贪图安逸的物质生活,与同学在吃、穿等方面进行攀比,他的雄心壮志势必会被磨灭一空;如果他能看到同学之间的竞争,能看到自己的不足之处,他就会感觉到危机,从而将关注点和精力都集中在学习和德行的提升上,不断提升自己的道德学问。

用账本"催生"他的忧患意识

王铮上初一了,妈妈每个月给他100块钱零花钱,王铮嫌少。但妈妈说:"如果你会花,这些钱还可以有结余。"妈妈还给了他一个本子,让他记录零花钱都用在了什么地方。

刚拿到钱的几天里,王铮想买什么就买什么,等到往本子上记账的时候,才发现自己一样有用的东西都没买,钱却没剩多少。他感觉到了危机:照这样下去,零花钱就用不到月底了,而还有一些必需的文具没买呢。于是,王铮开始算计着花钱了。

从王铮的故事我们可以看出,账本能让男孩产生一些危机感,促使他学着理财。所以,我们可以通过让男孩为他的零花钱记账的方式培养他的忧患意识和理财能力。当然,在男孩能熟练记录自己的零花钱后,妈妈也可以让他为家庭开支记账,这对男孩也是有利而无害的。

第89招 别让男孩从小就成为"小富翁"

方博的爸爸妈妈开公司,家里非常富有,他们给方博钱时也是从不吝惜。所以,方博成了学校里有名的"小富翁",他口袋里动辄就有几百上千元。

这天,妈妈正在公司给员工开会,突然接到学校老师的电话,老师让她去学校接方博回家。妈妈很奇怪,平时都是方博自己回家,今天怎么要她去接呢?到了学校一问,才知道下午放学后,方博在校外被几个不良社会青年勒索,正好有人看见了就赶跑那些青年,将方博送回了学校。

据了解,现在学校里像方博这样的"小富翁"并不在少数,他们每个人的口袋里都有钱,而且不是十块八块的,常常成百上千,尤其是春节过后、开学之初,这样的"小富翁"就更多了,因为春节期间孩子们收到了分量很重的压岁钱。另外,有些父母成为"大富翁"之后,就会主动给孩子很多钱,或者孩子一要他们就给,这也是学校出现"小富翁"的重要原因。成为"小富翁",对男孩的成长有利吗?其答案是否定的。

男孩成为"小富翁",首先对他的安全不利,他会像方博一样成为某些同学或者社会上不良青年的勒索、抢劫对象,严重的可能会威胁到男孩的生命。即使是仅仅被抢了钱也不好,因为次数多了,孩子的心灵会受到伤害。

男孩成为"小富翁",也会影响他长大后成就自己的事业。美国钢铁大王安德鲁·卡耐基说:"不要以为富家的子弟,得到了好的命运。大多数的纨绔

子弟，做了财富的奴隶，他们不能抑制住任何诱惑，以至陷于堕落的境地。要知道，享乐惯了的孩子，绝不是那些出身贫贱的孩子的对手。一些贫苦的孩子，甚至穷苦得连读书的机会也没有的孩子，成人之后却成就了大事业。"安德鲁·卡耐基的话其实就是我们常说的"穷人的孩子早当家"，孩子从小是"小富翁"，他可能就会将注意力集中在如何消费上，结果影响他学习知识以及其他各种品德、能力的养成，进而影响到他的未来。

所以，为了男孩的安全，也为了促使他未来能主动奋斗、成就自己的事业，我们不要让男孩从小就成为"小富翁"。

要"穷养"男孩

在雷小林出生前，他的爸爸妈妈过着比较富裕的生活，但他出生后，他们开始刻意过起了"穷日子"。他们开着又小又旧的车去上班，他们为柴米油盐精打细算，他们节衣缩食……这些都让雷小林觉得家里穷，他要好好学习，长大赚钱让爸爸妈妈过富裕的生活。当然，在这种生活中，雷小林也被锻炼得很独立、很能吃苦。

雷小林上初中了，非常懂事，爸爸妈妈觉得时机到了，就开诚布公地跟他说了家里的真实情况以及他们为什么要"装穷"。雷小林虽然很意外，但他也能体会爸爸妈妈的良苦用心。之后，他们依然快乐地过着"穷日子"。

人们都说"女孩富着养，男孩穷着养"，这话不无道理。"贫穷"的生活会促使他奋发图强，会激发他的斗志，会使他的各种能力在生活中得到锻炼。所以，即使家庭经济宽裕，妈妈也要和男孩一起过勤俭节约的生活，做到"穷养"男孩。

不要给男孩太多的零花钱

男孩长大了，我们要给他零花钱，让他购买自己需要的小件物品和食品等。但是，妈妈一定不要给男孩太多的零花钱，否则，孩子就成了"小富翁"。给零花钱时，我们可以综合考虑孩子的需要，如坐车、购买文具、购买

零食等，然后得出具体的数额，或者每周给一次，或者每月给一次。如果男孩提前用完再向我们要时，也一定坚持不要给，否则孩子就会以为零花钱是"取之不尽用之不竭"的。

教男孩管理压岁钱

压岁钱是家中长辈、亲人为图喜庆而在春节给孩子的钱，由于是大家集中给，所以数额加起来比较大。对男孩的压岁钱，妈妈一定要让他及时管理，或者存进银行，或者存进储蓄罐，不到需要的时候不能拿出来用。这样男孩手里就不会有大量的现金，也不会让他成为"小富翁"了。

第90招 教男孩从小养成储蓄的良好习惯

过春节了，8岁的小凯跟着爸爸妈妈走亲访友，几天下来，小凯的口袋里竟然有了2000块钱的压岁钱。由于那几天总是忙忙碌碌的，妈妈对小凯的钱也没注意。有一天，妈妈突然发现家里多了一些以前没见过的玩具。她就问小凯，小凯承认是用他自己的压岁钱买的。妈妈觉得这样下去可不行，肯定过不了几天，小凯就会将压岁钱全部花光的。想来想去，她决定教小凯将他的压岁钱储蓄起来。

随着生活的富裕，现在的孩子手里也有了很多的钱，有些是父母给的零花钱，有些是压岁钱，还有的是长辈给的过节钱。如何处理这些钱，对孩子来说非常重要。因为孩子年龄小，正处于习惯养成的好时段，如果我们让他随意花钱，就会让他养成大手大脚花钱的坏习惯。相反，如果我们教他学会管理钱财的一些知识和技巧，不仅能防止他乱花钱，还能培养他正确的金钱观和价值观，使他养成理财的好习惯。

理财中很重要的一个方面就是储蓄，生活中的每个人都离不开储蓄。储蓄最重要的一个作用是可以应急和抵抗未来潜在的各种经济危机，如家中发生重大变故或者家中有人得了大病等。另外，储蓄也是使家庭生活水平提升的一部分资金来源，当积蓄到一定量的时候，我们可以用它来买房、买车等。基于储蓄的重要性，我们要教男孩从小养成储蓄的良好习惯。

让男孩有一个储蓄目标

9岁的李志有一辆自行车，不过因为骑了很长时间而显得又破又旧。有一天，他跟妈妈说："妈妈，我想换辆琦琦那样的自行车。"妈妈想了想说："可以啊。不过你现在长大了，要用自己的钱去买。"李志说："我又没工作，哪里会有钱？"妈妈笑了："你可以把压岁钱、零花钱攒起来，攒够了不就可以买了嘛！"

李志开始攒钱了，有时他也想用零花钱买零食，可一想到自行车，就又放弃了买零食。半年后，李志终于骑上了用自己的钱买的自行车。

人做什么事都最好有一个目标，目标既是行动的方向也是行动的目的。储蓄也一样，如果孩子有一个储蓄目标，他就很容易用这个目标来抵制花钱的冲动，从而把钱储存起来。储蓄目标可大可小，一个精美的文具、一本好看的书、一把玩具枪、一台电脑等都可以成为男孩的储蓄目标。

给男孩三个他喜欢的储蓄罐

储蓄罐是男孩储蓄的必备工具，妈妈要带男孩去挑选三个他喜欢的储蓄罐。对于年龄较小的孩子来说，手里拿着喜欢的储蓄罐，他储蓄的欲望就会大大增强。之所以是三个，是因为三个储蓄罐的功能各不相同。一个储蓄罐用于放男孩每日的零花钱，如车费、午餐费、零食费等；一个储蓄罐放孩子为某一个短期目标而存储的钱；一个储蓄罐放置长期不需要动用的钱。使用三个储蓄罐能让男孩更加清晰且有条理地理财。

带男孩去银行开一个储蓄账户

星期六的早晨，东东很早就醒了，他很激动，因为妈妈要带他去办银行储蓄卡了。

到了银行，人不算多。问明来意之后，银行的服务人员给了东东几张单子

让他填。看着上面的储蓄种类、储蓄币值等术语，东东有些懵了。妈妈就开始一一给他解释。虽然填单子用了很长时间，但东东明白了很多储蓄的知识。

出了银行门，东东把银行卡握在手里对妈妈说："妈妈，我太高兴了，谢谢您！"

到了男孩八九岁的时候，我们可以像这位妈妈一样给孩子办一张银行卡，建立孩子的"小银行"，让他把数额较大的、暂时不用的压岁钱存进去，这不仅能防止孩子乱花钱，还能激发孩子储蓄的兴趣。在帮男孩办银行卡的时候，我们可以将基本的储蓄知识教给孩子，如储蓄原则、挂失手续、利息计算等，这也是在增加孩子的知识容量。

第91招 培养男孩正确的消费观，不攀比

星期五，姚子涵放学回家跟妈妈说："妈妈，明天给我买双耐克运动鞋吧！"正在做饭的妈妈停下手里的活问他："你这双运动鞋不是刚买两个星期嘛，怎么又要买？"姚子涵嘟囔着说："我这鞋又不是品牌的，今天孙浩穿了双耐克鞋，特别帅气，我也想要。"妈妈有点生气："鞋只要舒服、能穿不就行了嘛！你怎么能跟同学比着花钱呢，这样有多少钱也不够你花！"姚子涵再没说什么，拿着书包回屋里写作业去了。

据调查，目前学生群体中存在着很严重的攀比现象，超过一半的孩子都对同学过豪华生日、送昂贵贺卡、穿名贵服装等非常羡慕，他们会让爸爸妈妈给自己过豪华生日、买名贵服装，以期跟同学一样或者超过同学。为什么这么多的孩子都有攀比心理呢？其原因主要表现在以下三方面。

其一，父母对孩子造成了误导。有些父母经常在生活中和别人攀比，如当着孩子的面说谁家买了新车，哪个同事又买了什么品牌的衣服等，这就在无意中影响到孩子，促使他在同学之间攀比。

其二，父母过于溺爱孩子。有些父母觉得家庭经济富裕了，就要让孩子过得好一些，以致孩子提什么要求都会满足，这就刺激了他的物质欲望，使他将

目光仅仅集中在同学的外在"装备"上,进而盲目攀比。

其三,孩子的虚荣心促使他进行攀比。虚荣心是一种不健康的心理情绪,它的目的虽然是为了满足自尊心的需要,但却是采用虚假的方式来获得关注。在虚荣心的影响下,孩子喜欢通过拥有物质来展现自己的实力,结果就走入了攀比的误区。

由此看来,基于攀比心理的消费是一种不良的消费观,它会让男孩的眼中充满物欲,扭曲他的价值观;也会导致男孩养成乱花钱的习惯;更会让一些父母背上沉重的经济负担。所以,妈妈要培养男孩正确的消费观,以避免出现攀比消费的不良状况。

绝对不能支持男孩的攀比消费

当男孩提出消费要求时,如果妈妈发现他的消费要求是出于攀比,一定不能鼓励和支持。如,男孩说因为别的同学有某种精美的文具,他也要买,这时妈妈无论是无奈地给他买了或者高兴地给他买了,那都等同于鼓励和支持了他。一有开头,这种攀比消费就会无穷无尽。所以,遇到这种情况,妈妈一定要坚定地拒绝。

引导男孩通过正确的方式获得自尊心的满足

妈妈如果要杜绝男孩因虚荣心而产生的攀比消费,就要帮他通过一些正确的方式来获得自尊心的满足,如,发掘并培养男孩某项特长,借此他可以赢得同学的赞赏;再如,和孩子一起参加公益活动、慈善活动,通过帮助别人也能让他获得自尊心的满足。

让男孩学会量力消费

王峰的爸爸妈妈是普通的职工,家庭经济状况虽不是捉襟见肘,但也不算富裕。但他们对王峰的要求则能满足就满足,毕竟这是他们唯一的儿子。王峰到小学高年级后,"胃口"更大了,吃穿住用行都开始要名牌的,他们开始有

些支撑不住了。

有一天,王峰又提出要买一条品牌牛仔裤,妈妈想了想跟他说:"今天你给妈妈算个账吧。我们的收入总共是3000块钱,每个月的水电费、燃气费、电话费这些必需的开支大约要300块,房屋贷款1000块,我们吃得不好,也差不多要700块,你的学习用品和零花钱每个月要200块左右,此外我们还要买一些生活用品,如果生病了还要去医院看病。这样下来,你算算我们还剩多少钱可以够你买名牌衣服呢?"

王峰从来没听妈妈给她算过账,也没想到一家人一个月的开销竟然这么大,他沉默了一会儿说:"妈妈,我不要牛仔裤了。"

当男孩大一些的时候,妈妈可以让男孩了解家庭的财政收支情况,清楚家庭的必要开支以及可用于日常消费的数额,这样孩子就了解到家庭的实际消费和承受能力。这不仅能激发孩子的家庭责任感,也能让孩子做到量力消费、合理消费。

告诉男孩钱要花得物有所值

因为钱无论多少,都是父母辛苦赚来的,所以一定要花得物有所值。要做到物有所值,妈妈可以教孩子一些消费技巧,如利用优惠券消费、购物时货比三家等,这都能体现"花小钱办大事"的效果。

另外,我们也要告诉孩子,花钱要量入为出、不攀比是对的,但是不能省的地方一定不可以省,如果男孩酷爱轮滑等运动,妈妈就可以给他购买好的"装备",这样的"装备"不仅经久耐用,而且安全性也高,孩子使用时也觉得很舒服。千万不能为了贪图便宜买一些没有质量保证的物品,这同样是一种浪费。

第92招 给男孩一次持家理财的机会

我国有句古话说:"不当家不知柴米贵,不养儿不知报娘恩。"这话没

错，当我们还是小孩子的时候，觉得父母是那么吝啬和斤斤计较，这个好吃的也不给买，那个漂亮衣服也不给买，心想着等自己挣钱、成家了就想买什么买什么，对自己的孩子也不吝啬。可是，当我们真的有家后，却发现自己也必须像父母一样勤俭持家，毕竟家庭收入是有限的，挣再多的钱也经不住大手大脚地花。

如今，当我们不给男孩买某个昂贵的玩具时，当他想要某件名牌衣服我们没有满足他时，当他想送朋友价钱太高的礼物而遭到我们拒绝时……男孩一定有着我们当年的想法。既然如此，对于大一些的、十二三岁的男孩，我们何不在假期的时候给他一个月，让他当一次家，通过这次持家让他知道当家有多难，也让他早日打消心中对我们的抱怨，最重要的是给他提供一次学习理财的好机会。

让男孩了解家庭的基本收入和开支

要让男孩当家理财，当然要让他了解家庭的基本收入和开支。大多数家庭的收入都是相对稳定的，到了发工资的那天，我们可以将当月的收入拿出来交给男孩，同时告诉他一些基本的开支，如房屋贷款、水费、电费、煤气或燃气费、固定电话费、手机费、上网费等，这大都是有固定数额的。另外一些费用虽然数额不固定但也是必需的，如购置粮食、蔬菜、油盐等的生活费，父母的人情往来费，男孩自己购买学习用品的费用，全家添置衣物的费用等，了解了这些，男孩持家理财就不会偏差太大。

对持家的男孩要大胆放手

我们将当月收入交给男孩并让他了解基本的收入和开支后就可以大胆放手了。我们要让他来料理家务，让他买菜做饭。我们可以和他一起去超市购物，然后让他付账。我们有需要支出的地方，也要跟他要，让他充分体会当家的感觉。当然，在家务劳动方面，我们还是要帮一下的，这也是在教孩子平时帮我们做一些力所能及的家务。

当家的过程中,有一些男孩可能会打退堂鼓,如刚开始大手大脚花钱,结果发现将要超支,他就会想中止当家。遇到这种情况,我们一定要鼓励他继续下去,并给他提供一些建议,让他进行改善。这样既能让孩子知道一件事要做完整,也能让他学着想办法去解决因自己犯错带来的问题。

和男孩一起算算账、做做总结

在一个月的持家任务结束后,我们要和男孩一起算算账、做做总结。算账主要是核算男孩持家当月的收入与支出是否平衡,这是在衡量男孩的理财能力,当然这个能力可以在以后的生活中不断去努力提高。做做总结,其实就是让男孩说出他的理财感悟。如果男孩说他理解了父母的不容易,懂得了持家的艰难,如果在当家的这一个月内男孩不再那么乱花钱,懂得节约了,那我们也就达到锻炼孩子理财能力和教育他不乱花钱的目的了。

第93招 要让男孩做金钱的主人而不是奴隶

曾经在民间流传着这样的说法:"钱不是万能的,但没有钱却是万万不能的。"金钱,确实是一个好东西,拥有它就能让人吃饱、穿暖,还能不断提高生活质量。拥有大量金钱的人还会充满自信,这也是自我价值的一种体现。正因此,金钱在人们的生活中占据着非常重要的地位。

但是,英国哲学家培根又说:"金钱虽然是好仆人,有时候也会摇身一变,变成坏主人。"事实也的确如此,有多少人通过抢劫、偷盗的方式来获取金钱,结果使自己锒铛入狱,浪费了大好的年华;又有多少人为了努力赚钱而远离父母,抛妻别子,既不能孝顺父母,也不能享受天伦之乐;更有多少人为了获取金钱而贪赃枉法、制假贩假,丢失了做人的道德与良心……这些人都被金钱所控制,成为了金钱的奴隶。

作为妈妈,我们都期待男孩过上富裕的生活,但肯定不希望他成为金钱的奴隶。所以,我们就要从他小时候起就教他正确地看待金钱,做金钱的主人。

帮男孩树立正确的金钱观

鑫鑫是一个占有欲比较强的男孩,自从妈妈开始给他零花钱之后,他就经常出入超市买回各种各样的东西,钱一花完就马上跟妈妈要,而且每天总想各种理由向妈妈要钱。看他这样,妈妈有些焦虑。

有一天,妈妈在鑫鑫又向她要钱的时候问他:"鑫鑫,你觉得钱能干什么?"鑫鑫说:"可以买糖、买玩具啊!"妈妈又问:"那你觉得钱能买来爸爸妈妈对你的爱吗?你玩沙子玩得很高兴,这种高兴是钱能买来的吗?"鑫鑫想了想说:"好像不能。"妈妈拉着他的手说:"钱有用,但不是什么都能买到,而且除了用钱买东西,我们还有很多其他的事情要做,对不对?"鑫鑫似懂非懂地点点头。

正如这位妈妈所说,钱有用,但不是什么都买得到。钱是供我们使用的一种工具,我们在生活中确实需要钱,但钱不应是我们生活的全部,这才是正确的金钱观。

告诉男孩,钱也有道德价值

钱除了具有购买价值之外,还有道德价值,这也是我们应该告诉孩子的。所谓钱的道德价值是说用钱去做一些善事,如将钱捐给灾区,用钱资助贫困地区的孩子上学,这些钱就具有了道德意义。让男孩懂得钱的道德价值会开拓他使用钱的视野,不会将钱仅仅用于自己消费和享乐,会想到其他人,和其他人分享,这也会使男孩的道德感得到提升。

适当给男孩一些零花钱,由他自己掌控

当男孩长到六七岁的时候,我们就可以给他一些零花钱让他掌控了。因为给男孩零花钱,他就觉得自己是这些钱的主人。给孩子零花钱时,刚开始最好每周给一次,但数额要小一些。至于这些零花钱如何支配,可以让孩子做主,他可以花掉,也可以存着。但妈妈一定要知道男孩将钱花在什么地方了,毕竟

我们对他负有不可推卸的责任,而且知道孩子将钱花在什么地方,也方便我们指导他合理消费。

第94招 向男孩传授保有财富的"真经"

古今中外有太多的家族兴衰史表明,一个家族很少能有三代保持富裕状态的。所以,有人总结出一条定律,叫"富不过三代"。如果我们想让家族的财富能够"富三代"甚至长久地富下去,就应该懂得保富之道,并把它传授给男孩。

有报道称,改革开放以来,中国民营企业家已超过300万,但因为找不到合格的接班人,95%以上的民营企业家摆脱不了"富不过三代"的宿命。研究表明,目前国内富裕家庭的孩子中,只有约10%继承了父母的优良品质,积极向上、勤奋好学。对不少富有家族及企业来说,不是富过三代的问题,而是能否富过两代的问题。

很多企业家,自己富起来后,就忘乎所以,为所欲为,当然会走向没落。他们自己都不懂保富之法,又怎能向男孩传授呢?

俗话说:"赚钱容易,守财难。"我们大多数人都希望自己能赚很多钱,能让自己和孩子过上衣食无忧的生活,更希望自己的后代不要再为生计疲于奔命。然而,我们也许会赚钱,但不一定会保富,否则就不会有"富不过三代"的说法。

多少父母辛苦一生,尚未等到自己闭眼,财产就被不肖子孙挥霍一空;多少有钱人,还没为后代留下遗产,自己就已落魄到身无分文;多少官员贪污受贿,富贵一时,最后沦为阶下囚……所以,当钱财流入我们的腰包的时候,先别高兴,因为,如果我们不懂得保有财富的真正道理的话,它随时都会从我们的腰包溜走。

同样,即便我们的男孩多么有能力赚钱,他也一样面临着守不住财产的危险。作为妈妈,我们首先应该明白怎样保富,再把保富之道传授给男孩,让他做一个真正的富贵之人。这样,我们才不用担心男孩以后没有好日子过。

让男孩明白"君子爱财,取之有道"的道理

《大学》云:"货悖而入者,亦悖而出。"意思是,以不正当手段获得的东西或者财富,迟早要以同样的方式失去。那么,如果我们以不正当手段获取钱财,即使再节俭,也不可能守得住。正如,很多官员利用职权贪污敛财,尚未等到好好消费就东窗事发,只能在监狱度过余生。因此,我们要告诉男孩:保富的前提是光明正大地获取财富,所谓"君子爱财,取之有道"正是这个道理。

所以,我们应该教育男孩,千万别让他别羡慕那些"今天是人,明天是鬼"的所谓的"富人"。不是自己应得的财富,永远都不要眼红。通过贪污受贿、坑蒙拐骗、偷盗、赌、抢等方式获取钱财都是不合法的,最终都会被绳之以法。

另外,我们还要让男孩明白,贪财的人一般都保不住财,因为贪心会促使人去做种种坏事,最后身败名裂,穷困潦倒。所以,只有不贪财,才不会铤而走险地获取不义之财。

让男孩用钱财去帮助那些需要帮助的人

有人也许会问:"是不是用正当手段赚钱,而且不浪费奢靡的人就是掌握了'保富之法'呢?"我们的回答是"未必"。

20世纪初,江西一个姓周的盐商,有数百万银两的财富,但是很吝啬。一次,湖南发生了灾荒,官府向他和其他盐商劝募捐款,他的朋友就代他认捐了500两银子。对他而言,这点钱就是九牛一毛。但是,他得知后,就嫌朋友擅作主张,捐得太多,还向朋友大发雷霆。

后来,有一个人问他:"你保有财富的办法是什么?"他说:"没有别的法子,只是积而不用。"他活到80多岁才去世,遗产有3000万银元,子孙10房,但是都分了家。他去世后不过十几年,家产就已被子孙败光。

看来,他的"保富法"只是保了他自己这一代。他虽然做的是正当生意,也从不乱花钱,但是他悭吝之极,得知有饥荒,却不肯出钱救济。他以为钱财

第十章 好妈妈不吼不叫，有效地提升男孩的财商

积而不用就可以保住，但却败在了后代。所以，我们千万不要吝啬，不要让财富"只进不出"，要常常用钱财帮助需要帮助的人，这样才能有孝子贤孙把财富代代相传。这样的道理，我们也要让男孩明白。

别给男孩积攒太多的物质、金钱财富

明朝著名学者管东溟曾这样劝谏世人："积金遗于子孙，子孙未必能守；积书于子孙，子孙未必能读。不如积阴德于冥冥之中，此乃万世传家之宝训也。"北宋名臣司马光在晚年告诫孩子，不要给后辈留太多的钱财，他说："其若不贤，虽积金满室，又奚益哉！"

是啊，我们为男孩留下金钱，他未必能好好利用，他也很难学会勤俭，也不会靠自己的劳动生存，他也很可能意识不到父母的恩德，甚至还会埋怨家财不够挥霍；为他留下书籍，他也不一定能好好研读，不如把我们舍财不悭的道德品质留下来，他继承之后，一定能成为真正的富贵之人。

教男孩认识"保富"的真正含义是什么

每个人都希望获得财富，并能长久地保有财富，最大限度地利用财富。但是，怎样才能做到这些，这个道理并不是每个人都明白。但是，"保富"确实是有方法的。

聂云台是曾国藩的外孙，他经营的机械制造、电力、商业、金融等企业，都取得了巨大的成就，他也因此名声大噪。他因创办上海大华纱厂而成为上海年轻有为的实业家，后被推选为上海华商纱厂联合会董事长和上海总商会会长。他亲眼目睹很多显赫家族的没落，看到很多豪门一夜暴富而后家道败落，从而让他有了不同于一般人的对豪门的思索。

在《保富法》这本书中，聂云台以因果规律，结合他一生的见闻，融合历史经验与教训，深刻地阐明了应该如何获得并保有财富的道理：官员、商贾如果希望传下万贯家财荫泽后代，偏偏会"有心栽花花不开"，子孙中能读书、务正业者的简直凤毛麟角；相反，不为子女留钱财，一贯以俭朴为家训的，却

能"无心插柳柳成荫",后代大多十分优秀。

在书中,聂云台道破了人生的真谛,参透了财富的本源。书名虽然是"保富",实际上是让人"散财为善",劝告人们应该懂得散财,懂得修福、修善。聂云台认为,只有"深信因果,培福开源,懂得惜福,爱惜福报,宽大心量",才是保福保富的最佳途径。

所以,我们要教导男孩不要存"独富之心"。

第十一章
好妈妈不吼不叫，帮男孩平稳度过青春期

在生物学上，青春期是指人体由不成熟发育到成熟的转化时期，也就是孩子由儿童到成年的过渡时期。在这个时期，男孩的身心都发生着巨大变化，非常需要我们的关注和引导。我们只有用不吼不叫的教育方式，才能帮男孩平稳度过青春期。

第95招　正确对待叛逆的青春期男孩

"叛逆"就是反叛，不听话，表现在行为上就是常常违背父母的意愿说话、做事。我们通常会认为，男孩进入了青春期，就要开始叛逆了，如果不叛逆反而不正常。其实不然，如果我们对男孩进入青春期的身心特点有所了解，就不会轻易把男孩的表现视为"叛逆"，更不会无端地对他吼叫了。

男孩进入了青春期，身体发生着前所未有的变化，由于他对自己身体发育不了解，所以一些生理上的变化往往会引起他心理上的烦躁。而此时，他的心灵又处于"半独立、半依赖"状态，开始有自我意识，但又未能成熟地面对自我，这种内心的矛盾使他不知所措。如果再遇到不顺心的人、事、物，往往就会表现出逆反情绪。

另外，青春期往往是男孩的初高中阶段。这个时期，他承担着很大的学习压力，或者说，他从小学积攒下来的学习压力，终于在无法承受的时候爆发了出来。他的爆发让我们觉得他终于要叛逆了。

除此之外，现今的社会环境比较复杂，男孩所接触的社会观念往往会与我

们的教导相违背,加上他心智不成熟,如果我们的教育方法再欠缺一些,他就会不由自主地反对我们,成为一个"叛逆者"。

那么,面对"叛逆"的青春期男孩,我们该怎么做呢?

为男孩进入青春期作准备

董亮一直都比较喜欢阅读,上初二时,妈妈就给他买了几本关于青春期的书籍。没用几天时间,董亮就看完了这几本书,还时不时地和妈妈讨论讨论。通过阅读书籍,他显然做好了迎接青春期的准备。

在男孩进入青春期之前,我们就应该用各种方式让他了解青春期,可以像董亮的妈妈一样,给他准备几本书,让他自己通过阅读了解相关常识。或者,我们闲暇时就可以和男孩讨论一下青春期,让他提前做好准备。这样,就从一定程度上避免了男孩因为身体和周围环境的变化而引发惶恐、焦虑、逆反等情绪。

别总对孩子唠叨

著名教育专家林格的课题组曾对1000名中学生做过一项家庭教育问卷调查。其中一个题目是:你最不喜欢妈妈的哪种行为?调查结果显示有550名学生选择了"唠叨"。可以说,"唠叨"很可能是引起男孩叛逆的一大因素。

被称为"中国式管理之父"的曾仕强教授也曾讲过一句话:"当父母有事没事就给孩子讲一大堆道理的时候,孩子迟早会把你的话当'耳旁风'。"是啊,男孩叛逆的表现,不就是把我们的话当成耳旁风吗?

所以,我们一定要注意自己的语言方式,少对青春期的男孩"千叮咛、万嘱咐",更不要对他大吼大叫。我们一定明白,男孩正在长大,用控制、制约的方式已经不奏效了,不是他太叛逆,而是我们用错了方法。

走进男孩的内心

不是每个男孩进入青春期都会叛逆,而叛逆的男孩往往是在家庭中得不到充足的精神慰藉的那类孩子。这一点,我们做妈妈的一定要警觉,不要以为给

男孩提供优越的物质生活就万事大吉了,而是要走进男孩的内心,去理解他,关爱他。

我们问问自己:男孩内心在想什么?如果我们对这个问题没有答案,男孩大多都会叛逆。所谓学习压力、社会影响仅仅是为男孩的叛逆提供了土壤,但根本因素是他的精神需要没有得到满足。而这种男孩的妈妈都有惊人的相似之处,就是文化修养不高,常常对男孩大吼大叫。

那我们看一下自己,是不是这种妈妈呢?如果是,请通过读书、学习提升我们的文化修养,在生活中学会用柔和的语气与男孩对话。当我们的内心柔软了,学会与男孩交流了,男孩自然就不会逆反了。

第96招 给青春期男孩一个自由的空间

青春期的男孩比任何时期的男孩都渴望自由。由于身心的发展,他极度希望成为一个独立自主的成年人,希望摆脱来自父母的束缚,希望自己决定自己的生活和学习状态,甚至渴望自己能够有赚钱能力,通过经济独立实现"绝对自由"。

这些都是男孩进入青春期的正常想法,因为青春期原本就是男孩从幼稚转向成熟的过渡时期,而一个成熟男性的重要标志就是独立自主,所以,男孩渴望得到自由的空间,是很正常的,也是应该的。

那么,所谓自由的空间到底是指什么呢?是给男孩腾出一个属于他自己的房间?还是他的事情完全让他做主,我们不参与意见?都不是。男孩有属于自己的房间当然很好,但是他更需要的是心灵的自由,希望被尊重,被理解,不被干涉。如果这种希望得不到满足,他就会和我们对着干,会顶嘴、发脾气甚至离家出走。

所以,我们应该给青春期的男孩一个自由的空间,他会在这个空间里了解自己、发现自己、完善自己。他作为一个独立的个体,有着我们意想不到的自我发展能力。那么,我们就应该让他在相对自由的空间内把这个能力展现出来。

尊重男孩的隐私

妈妈打扫高旗房间的时候，无意中在他的枕头底下发现了一本日记。趁高旗不在，妈妈翻开了日记，其中一篇小测验失败的日记，引起了妈妈的注意。

晚上，妈妈忍不住质问起了这件事，高旗一想，认定妈妈偷看了自己的日记。母子俩大吵起来，高旗夺门而出，妈妈怒吼道："你再也不要回来！"

我们作为妈妈一定要尊重男孩的隐私，不要打着关注他的旗号偷看他的日记，这是任何一个男孩都不能接受的。男孩所谓的小秘密，也许就是一些微不足道的事情，但对于他而言，代表着成长的印记，是属于自己的心灵财富，是不容许其他人去侵犯的。

而我们对他的关注完全可以通过沟通的方式取得，一个真正了解男孩内心世界的妈妈，用不着通过打探隐私的方式关注男孩。因为，平时良好的沟通让妈妈敢于给男孩相对自由的成长空间，而男孩也觉得没有隐瞒的必要。那么，良好的沟通一定是以不吼不叫为前提的，做到了这一点，男孩对我们的信任度也会有所提升。

别把自己的想法强加给男孩

刘女士每次和儿子交流时，都有强行说服儿子的倾向。如果儿子服从了，刘女士会觉得很舒服；如果儿子不服从，她就会很生气地责备儿子一番，搞得儿子总是徘徊在服从与不服从之间，心里很难受。

我们是否从刘女士的身上看到了自己的影子？我们在和男孩说话时，是不是常常把自己的想法强加给他？总是认为我们自己是正确的？如果是这样，男孩的内心就会有压抑感，会对妈妈有说不出的不满，表现出来就是强烈的逆反。

我们一定要清楚，青春期的男孩已经不是小男孩了，不能只在我们的安排下成长，他渴望得到选择权、决定权，他极其反感被要求、被控制。所以，我们在语言上除了不能吼叫外，还要学会用建议的口气说话，而不是命令的口吻。只有这样，男孩才能感受到被尊重，才不会想尽办法"逃离"妈妈的掌控。

给男孩的自由要有度

我们主张给男孩自由空间，并不代表我们可以听之任之、放手不管，那样，男孩就很容易走上极端甚至做出违法乱纪的事情，自毁前途。其实，青春期的男孩虽然极其渴望自由，但是让他真正独自承担的时候，他又会显得怯懦，这就跟男孩的心智尚未发育成熟有很大关系。所以，这个时期的男孩更需要获得有效的建议。

那么，在无关紧要的事情上，我们应该尽量让男孩自己作决定，比如吃什么、穿什么、周末去哪里，但是他一旦感到困惑时，我们就应该把道理讲给他听，提出我们的想法以供他借鉴。在重大、原则性的问题上，我们则要帮助男孩把关，并尽可能提供建设性的意见，帮男孩做出正确的选择。这样，男孩就会因感到精神自由而越来越有自信，并逐渐成长为真正独立自主的人。

第97招 把握好青春期男孩成长的心理需求

青春期一般是指12～18岁的年龄段，对于男孩而言，青春期不仅仅是他成长发育的重要时期，也是一个"困难时期"。因为他进入了一个"精神断乳期"，他要摆脱对成年人的依赖，试图重新构建自我，但因为身心不够成熟，使他无法彻底实现"重塑自我"。

伴随着这种心理变化，男孩会产生各种各样的矛盾心理。比如，独立性与依赖性的矛盾，成人感与幼稚感的矛盾，与人交往时开放性与封闭性的矛盾，对性渴求与压制的矛盾，自制与冲动的矛盾，等等。既然，"矛盾"是青春期男孩不可避免的内心体验，我们就要理解他，提供给他必要的心理帮助，协助他顺利度过青春期。

那么，男孩的矛盾心理会以什么样的形式表现出来呢？我们又该如何正确引导他呢？

正确对待男孩的抽烟、喝酒行为

上高一的孙鹏参加完同学生日聚会后,一身酒气地回来了。妈妈原本想埋怨他,但是忍住了,而且还给孙鹏倒了一杯茶,让他醒醒酒。看孙鹏精神不佳,妈妈说:"回屋睡一会儿吧!"

等孙鹏精神好一些了,妈妈关切地问:"要不要吃点儿东西?"孙鹏摇摇头,妈妈接着说:"同学聚会,喝点儿酒,大家高兴高兴很正常,但是酒喝多了伤身体、伤大脑,你看你刚才多难受啊!下次少喝点儿。"

孙鹏诚恳地点点头。

当男孩进入青春期后,就会用抽烟、喝酒的方式表现自己是成年人,而且同学聚会时还会与同学比酒量,以此来表现自己的与众不同。对此,如果我们强烈否定男孩的行为,他就会特别反感。

而孙鹏的妈妈就比较有智慧,先对儿子表示关心和理解,之后,再简短地讲一句道理,这样,男孩就很容易接受。但是,为了避免男孩接触不良"烟酒",如毒品或带有迷药的酒水,我们平时就要找机会让他了解不良"烟酒"的危害,借助他人的例子警戒男孩,让他懂得保护自己。

了解男孩渴望经济独立的心理

晓峰准备和同学去郊游,问妈妈要200元钱,妈妈只给了他100元。他闷闷不乐地想:如果我自己挣钱,就不会受限于你们。

经济独立是一个人基本独立的标志,处于青春期的晓峰想摆脱妈妈的束缚,自然渴望经济独立。一般而言,男孩进入初高中阶段之后,个人花销明显加大,对吃、穿、用方面逐渐开始有要求,群体活动也开始增多,他也开始渴望拥有自由支配钱财的权利。

对此,我们一定要理解他,不要用吼叫的方式指责、批评他,而是把家庭的经济情况坦然地告诉他,或者注意减少自己的开销。在我们以身作则的前提下,激发男孩为家庭承担的责任感,他就不会在经济上和我们发生冲突。

找准沟通的时机

青春期男孩因在半成熟心理的驱使下,特别不愿意听我们严肃地讲道理,可能我们刚要讲,他就说:"我知道!"这个时期的男孩觉得自己什么都懂,不想听妈妈啰嗦。男孩的这种心理,我们要了解。但实际上,男孩对很多事情都是一知半解,根本不是全懂。他内心真正的需求是:帮我彻底脱离幼稚,走向成熟。

那么,我们就要找准和他沟通的时机,让他通过明白必要的道理摆脱幼稚。特别要注意的是,我们最好不要"就事论事",就是不要在事情发生后立刻给他讲道理,而是利用散步、郊游、晒太阳等比较轻松的场合,旁敲侧击地谈论一下相关的话题,尽量让男孩觉得我们在一起讨论一个现象,而不是在教导他。这样,男孩自我成熟感不但得到了保全,通过平和的沟通,他又进一步脱离了幼稚,他的心理需求便得到了满足。

第98招 允许青春期男孩申辩,给他解释的权利

周末晚饭时,妈妈问张天:"你们这周的主题班会是什么啊?"

张天说:"钱能不能买来快乐。"

"这个话题不错,钱是物质基础,有了这个基础,才能谈得上快乐。"妈妈说。

张天却持反对态度,说:"我可不这么认为,钱当然买不来快乐!"

妈妈也毫不退让,说:"可是,没有钱,你连饭都吃不上,看你怎么快乐!"

"快乐是精神层面,我每天都吃得很饱,也不一定每天都快乐啊!"张天坚持着自己的观点。

"哼!都是谬论。"妈妈反驳道。

张天没好气地说:"我不喜欢和你讨论。"说完,起身离开了,妈妈一看儿子的反应,大声说:"你这是什么态度?"

这样的场景可能常常会在我们的家庭中出现，尤其是家中有青春期男孩的更是如此。我们发现他不知从什么时候起开始变得爱顶嘴，爱辩论，总是反驳我们。其实，这很符合青春期男孩的思维特点。

当男孩进入青春期后，他的抽象思维、逻辑思维、创造性思维都在发展，他开始通过事物的现象思考本质，学着从不同角度看问题，从而初步形成了自己的观点。无论这个观点是对还是错，这都是男孩思维独立性的表现。

随着思维独立性的不断发展，男孩的批判性思维也逐步形成，表现为好争辩，好否定对方的言论，比较爱钻牛角尖，喜欢打破砂锅问到底。这种特点不会因对方是父母、老师、长辈就体现不出来，反而男孩会用"初生牛犊不怕虎"的精神，向成年人发出辩论挑战。但往往由于男孩不注意说话方式，而搞得我们心情很不愉快。

其实，在这个时期正好可以看出我们是否真正把男孩当作独立的个体，是否能平等地与男孩沟通。如果可以，我们一定会允许他申辩，给他解释的权利。

别引发男孩争辩

虽然青春期的思维特点会促使男孩争辩，但是，他的争辩往往不是无缘无故的，是不是我们的语言引发了他的争辩呢？

赵勇放学回来，洗过手之后就去吃水果了。当赵勇把果核往垃圾箱里一扔、转身就走的时候，妈妈突然说："把垃圾倒了，这么大孩子，眼睛里没活儿。"

赵勇一听，争辩道："我就眼睛里没活儿，谁眼睛里有活儿，谁倒去。"

一听这话，妈妈忍不住大声责备起他来。

其实，妈妈完全可以对赵勇说："儿子，帮妈妈把垃圾倒了吧！"这样，男孩听着顺耳，不但不争辩，还会很服从。所以，如果男孩很喜欢顶撞我们，我们先反观一下自己的语言表达是不是不够艺术。

耐心听男孩解释

无论男孩犯了什么错误,我们首先不要吼叫着埋怨他,而是给他解释的机会,听听他的心声。我们劈头盖脸的责备往往会严重伤害他的自尊心,此时,他的半成熟心理就会发挥巨大作用,用强烈的态度与我们对峙,最后搞得我们伤心,他也觉得委屈。

所以,我们千万不要把青春期的男孩当小孩子,而是要把他当作一个成年人来对待。试问,我们用吼叫的态度对待身边任何一个成年人的时候,对方会不会反感?答案是肯定的。那么,我们就要耐心倾听男孩解释,理解他,原谅他,把正确的方向指给他。

和男孩站在同一个平台探讨问题

平时与男孩探讨问题时,我们首先要降低自己的姿态,不要有教导他的心态。一旦有了教导他的心态,我们的语气、语调难免透露出强势,敏锐的男孩一旦感受到,就会用更强势的方式反驳我们。其实,青春期的男孩给了我们极大的反省机会,他往往会用我们对待他的方式去对待我们。

如果我们能够和男孩站在同一个平台讨论问题,真正发自内心地去思考他的语言,从他的想法中了解当代青少年的价值观……只要我们用平静的心去讨论,彼此的沟通就很轻松,双方都会受益匪浅。

第99招 与男孩沟通青春期的爱情

当男孩进入了青春期,一个不可忽略的问题就会呈现出来——男孩开始对异性有了爱慕,求偶心理开始萌发。这说明男孩的身心发育很正常,但令我们担心的是,男孩很可能会与异性谈恋爱,开展一场青春期的爱情,这不仅会影响他的学业甚至还会影响他的前途。

虽然我们的担心是有道理的,但是男孩对情感的需求并不以我们的担心为转移。当然,我们作为妈妈,还是希望能够防患于未然,那么,我们就要让男

孩体会除谈恋爱以外的生活乐趣和生命价值。

另外，如果有必要的话，我们可以把"爱情"作为一个话题去讨论，帮他建立正确的爱情观，而不是让他盲目地向往青春期的爱情。当然，如果男孩已经有了所谓的"女朋友"，我们就要用平和的心态面对，用智慧的处理方式使这份所谓的"爱情"善始善终。

帮男孩树立远大的理想

帮助男孩树立远大的理想，看似和青春期的爱情没有关系，但是这是避免男孩早恋的最有效方式。

李健从小就喜欢画画，妈妈鼓励他考美术学院。上高中后，他开始爱慕班里的一位女同学。但是，他暗自告诉自己：等考上大学再说。由于他对绘画的热爱，于是就把大部分业余时间都用在画画上。最后，李健如愿以偿地考上了美术学院，并准备在那里迎接美好的爱情。

大部分妈妈都希望男孩像李健一样有一定的自制力。殊不知，强大的自制力是靠远大的理想支撑的。如果男孩没有兴趣爱好，又没有远大的抱负和志向，又对学业不看重，早恋是迟早的事。

所以，不要等到男孩进入青春期时，才开始帮他树立理想，而平时就要支持他的兴趣爱好，鼓励他向人生的目标前进，不要因沿途的风景迷失方向。

别让"罗密欧与朱丽叶效应"在男孩身上发生

所谓"罗密欧与朱丽叶效应"是指如果出现干扰恋爱双方爱情关系的外在力量，恋爱双方的情感反而会更强烈，恋爱关系也会变得更加牢固。

如果男孩已经开始"谈恋爱"了，我们一定不要强烈反对，更不要吼叫着去责骂他，这只会让这段不成熟的恋情更加牢固。因为，我们的干涉和反对会使男孩觉得自己的独立自主权被侵犯了，从而产生抗拒心理，表现在行为上就是和"女朋友"越来越亲密。这一定不是我们希望的结果。

接受青春期的爱情

如果青春期的爱情悄悄地在男孩身上发生了，我们就接受它。我们的接受反而会加速他们恋情的结束。因为青春期的爱情有太多的随意性和不稳定性，男孩往往因一见倾心而一时兴起，只要没有外力的横加干涉，这种情感很快会自然"灭亡"。

有些心理学家和教育专家甚至主张把青春期的爱情"曝光"。他们认为，只要父母处理得当，让这段爱情在父母的视线下发展，远比孩子们偷偷摸摸地谈恋爱要安全几百倍。而且，处于曝光中的青春期爱情往往不出半年，就会宣告结束。

与男孩讨论成熟的爱情

无论男孩是否恋爱了，我们都可以找合适的机会，与他谈论一下成熟的爱情。让男孩知道，真正的爱情绝不是起于情感的冲动，而是以相识、相知、相互欣赏为起始，那些因女孩漂亮就想要与其谈恋爱的想法是幼稚的。只有两人非常了解，又互相欣赏各自的品质、性格和能力，才有谈恋爱的机缘。

而真正的爱情绝不是无节制地索求，而是一种付出，是发自内心为对方着想，彼此理解、包容，彼此支持，互相鼓励，是一种责任的承担，而不是欲望的表达。我们可以对男孩说，如果没有做好这一系列的准备，就不要谈恋爱，否则，就是对彼此不负责任。

相信男孩听了这番话，会有所感悟。

第100招 妈妈也可以与青春期的男孩谈性

在《现代汉语词典》中对"青春期"的解释是：男女生殖器官发育成熟的时期，也就是说，青春期的到来是以生理上的性成熟为标志的。那么，随着性器官的发育成熟，男孩不可避免地想了解性知识，甚至对性有了需求与渴望。

对于男孩这种正常的心理需求，我们不能认为是可耻的、污秽的，更不能

用斥责、打骂的态度对待男孩。否则，他就会把"性"与"罪恶"联系在一起，这就扭曲了男孩对"性"的理解。

很多妈妈认为与男孩谈论性是难以启齿的，一遇到关于"性"的问题，就会采取回避的态度。这种态度往往会激发男孩的好奇心，他无法从正确的渠道了解性知识，就会从同学、网络甚至黄色书籍里找答案，这反而使男孩更加没法正确地了解"性"。

所以，我们应该适时地、大方地、从容地与男孩谈谈关于"性"的话题，让他了解科学的性知识，帮他上好这门青春期必修课。

消除男孩对性的神秘感

大多数青春期的男孩对性的了解往往比我们想象得要多，但是，他虽然知道得多，却未必完全懂得。与其让他自己去摸索、去尝试，或者去讨教同样一知半解的同龄人，还不如由我们来揭开性的神秘面纱。

我们先要让男孩了解性器官的结构和功能，这是男孩了解自己身体的好机会，当然，还要让男孩通过图片去了解女性的器官结构，让他知道他是怎样在妈妈的子宫中被孕育的。

除此之外，我们还要让男孩了解受孕、怀孕、生产等知识，在与男孩谈论这些问题时，我们可以以自己为例，告诉他为了迎接他的到来，我们提前做了什么准备，孕育的过程又承受了什么辛苦，生产前后的身心变化，让他深刻感受到生命被创造的奇迹和父母的不容易。当男孩怀着感恩的心听完妈妈的讲述后，他不但对性有了深层次的理解，也会更加珍爱身体、珍惜生命。

给男孩讲讲青少年性行为的危害

我们可以从身体健康角度让男孩了解，为什么社会要对婚姻有年龄限制，首要因素就是过早的性行为会极度损伤正在发育的身体，重伤精气，精气一旦被损伤，就会出现骨髓空洞，脑髓不满，身体虚弱，精神萎靡，记忆力下降，生命提前衰老等现象，这种损伤往往很难通过日后的疗养来恢复。男孩长大后还易患上类似肾炎、糖尿病、尿毒症、早泄、阳痿等疾病。

同时，我们还要让男孩明白，女孩过早的性行为对身体损害也相当大，不但会埋下患各种妇科病的隐患，还有可能造成终身不孕。给男孩讲这一段的时候，我们可以从女性角度让男孩体会女性患病的痛苦和女性想做母亲的渴望。这样，男孩会通过对妈妈的爱提升对女性的尊重，就不会与某位女孩轻易做出荒谬的尝试。

让男孩适当地了解避孕常识

"避孕"是性教育中不可缺少的一课，我们给男孩讲避孕的相关知识时，可以从当初我们孕育男孩说起。可以说："我和你爸爸当初为了生出像你这样健康、聪明的宝宝，在怀孕前作了大量准备。准备的过程中为了防止受孕，就肯定要避孕。"这样引出避孕的相关知识，如此一来，男孩不但知道了如何避孕，也会从意识上把"避孕"限定在夫妻之间。

另外要注意的是，我们在与男孩谈论关于性的话题时，如果要举正面例子，就以已婚夫妻为例，这会暗示男孩，性行为只与已婚夫妻有关。

如果媒体中报道出青少年怀孕、打胎的反面例子，我们不能说："这些孩子，一点儿没有避孕常识。"这有赞同婚前性行为的倾向，而要说："这些孩子不懂得自重自爱，又没有避孕知识，真是可怜啊！"之后，再找时机给男孩补充常识。